中国现象学文库
现象学研究丛书

胡塞尔与舍勒

——人格现象学的两种可能性

倪梁康 著

2018年 · 北京

图书在版编目(CIP)数据

胡塞尔与舍勒:人格现象学的两种可能性/倪梁康著.—北京:商务印书馆,2018
(中国现象学文库)
ISBN 978-7-100-16420-7

Ⅰ.①胡…　Ⅱ.①倪…　Ⅲ.①胡塞尔(Husserl, Edmund 1859-1938)—现象学—研究②舍勒(Scheler, Max 1874-1928)—现象学—研究　Ⅳ.①B089②B516.52③B516.59

中国版本图书馆 CIP 数据核字(2018)第 169087 号

中国现象学文库
现象学研究丛书
胡塞尔与舍勒
——人格现象学的两种可能性
倪梁康 著

商 务 印 书 馆 出 版
(北京王府井大街 36 号　邮政编码 100710)
商 务 印 书 馆 发 行
北 京 冠 中 印 刷 厂 印 刷
ISBN 978-7-100-16420-7

2018 年 11 月第 1 版　　开本 880×1230　1/32
2018 年 11 月北京第 1 次印刷　　印张 5⅝
定价:19.00 元

《中国现象学文库》编委会

（以姓氏笔画为序）

《中国现象学文库》总序

自20世纪80年代以来，现象学在汉语学术界引发了广泛的兴趣，渐成一门显学。1994年10月在南京成立中国现象学专业委员会，此后基本上保持着每年一会一刊的运作节奏。稍后香港的现象学学者们在香港独立成立学会，与设在大陆的中国现象学专业委员会常有友好合作，共同推进汉语现象学哲学事业的发展。

中国现象学学者这些年来对域外现象学著作的翻译、对现象学哲学的介绍和研究著述，无论在数量还是在质量上均值得称道，在我国当代西学研究中占据着重要地位。然而，我们也不能不看到，中国的现象学事业才刚刚起步，即便与东亚邻国日本和韩国相比，我们的译介和研究也还差了一大截。又由于缺乏统筹规划，此间出版的翻译和著述成果散见于多家出版社，选题杂乱，不成系统，致使我国现象学翻译和研究事业未显示整体推进的全部效应和影响。

有鉴于此，中国现象学专业委员会与香港中文大学现象学与当代哲学资料中心合作，编辑出版《中国现象学文库》丛书。《文库》分为“现象学原典译丛”与“现象学研究丛书”两个系列，前者收译作，包括现象学经典与国外现象学研究著作的汉译；后者收中国学者的现象学著述。《文库》初期以整理旧译和旧作为主，逐步过渡到出版首版作品，希望汉语学术界现象学方面的主要成果能以《文库》统一格式集中推出。

我们期待着学界同仁和广大读者的关心和支持，藉《文库》这个园地，共同促进中国的现象学哲学事业的发展。

《中国现象学文库》编委会

2007年1月26日

目　录

前　言

这里的文字与2016年出版的《胡塞尔与海德格尔》的文字类似，属于笔者在《反思的使命》标题下撰写的胡塞尔思想传记的语境。出版前书是为了纪念海德格尔逝世四十周年，而出版面前这部小书则是为了纪念舍勒逝世九十周年。这两位当代极为重要的思想家都在各自的现象学工作中与胡塞尔建立了内在而密切的思想联系，因而他们的思考也都与胡塞尔的思想视域不可分割地交融在一起，构成与后者的论题域相交的两个思想圈。

胡塞尔本人于1859年诞生，1938年辞世。笔者的《反思的使命：胡塞尔与他人的交互思想史》是为纪念他诞生160周年和逝世80周年而撰，预计会在2018年或2019年出版。之所以从这本书中切割出这两个部分，一方面是为了专门纪念这两位与胡塞尔对话的重要现象学思想家，另一方面也是因为《反思的使命》看起来已经卷帙浩繁，将这两个部分抽出另行刊发可以起到分卷的作用，从而使它的篇幅不至于过大。在此意义上，《胡塞尔与海德格尔》和《胡塞尔与舍勒》这两个小册子可以被视作《反思的使命》的两个分卷本。

舍勒的思想影响在今天的思想界和学术界并无减弱的迹象。恰恰相反，学者们对他的思想的研究抱有日趋活跃的兴趣，尤其是在他的情感现象学、哲学人类学的思考方向上。国际舍勒学会将于2017年11月24日至11月28日在广州中山大学举办第十四届舍勒双年会，也标志着舍勒与中国思想有了具足的因缘。

除了《现象学及其效应》（北京，1996，2014）中对胡塞尔与舍勒的思想关系的论述之外，笔者此前还曾在《心的秩序》(南京，2010)、《现象学的始基》(北京，2009)中对舍勒与胡塞尔有关或无关的思想做过若干阐释。有心者可以参考那里的文字，这里不再收入。

此卷包含的内容主要涉及胡塞尔与舍勒的思想联系和私人关系，以及他们各自思考和阐释的双重意义上人格现象学的可能性。这个方向在笔者看来最能够体现胡塞尔与舍勒之间的现象学合作。

两个附录都是舍勒的文字的中译，其一为舍勒身前正式发表的论文，其二为舍勒的遗稿残篇，它们都体现了舍勒对现象学的理解。

第一章
引论:埃德蒙德·胡塞尔与马克斯·舍勒的私人关系与思想联系

根据马克斯·舍勒(Max Ferdinand Scheler,1874－1928年)自己的说法,他与胡塞尔的交往始于1901年。当时他应邀在哈勒参加由康德协会的负责人和《康德研究》主编汉斯·法伊欣格尔[①]为《康德研究》杂志的合作者们举办的一个聚会,在会上认识了胡塞尔。他们进行了哲学交谈,并且谈及直观和感知的概念。[②] 伽达默尔在后来撰写的舍勒纪念文章中所提到的胡塞尔与舍勒的相识,依据的也是舍勒的这个写于1922年的回忆。[③] 不过,按照W.亨克曼的核查:法伊欣格尔举办的聚会实际上是在1902年1月3日进行的。[④] 这应当是舍勒和胡塞尔彼此相识的确切时间。

在认识胡塞尔之前,舍勒已经先后于1887年和1899年在耶拿

---

① 汉斯·法伊欣格尔(Hans Vaihinger,1852－1933年),德国哲学家、康德研究者,《康德研究》(*Kant-Studien*)的创始人和主编。笔者将另文撰述他的生平介绍。

② 参见:M. Scheler,„Die deutsche Philosophie der Gegenwart“,in Max Scheler, *Gesammelte Werke* 7,A Francke AG Verlag:Bern 1973,S. 308(以下在正文中直接标明"GW"、卷数与页码).该文原载于:*Deutsches Leben der Gegenwart*,herausgegeben von Ph. Witkop,Verlag der Bücherfreunde,Berlin 1922.

③ H.-G. Gadamer,„Max Scheler —der Verschwender“,in Paul Good (Hrsg.), *Max Scheler im Gegenwartsgeschehen der Philosophie*,Francke Verlag Bern und München 1975,S. 14:"直觉这个关键词在1901年曾是联结两位思想家的桥梁。舍勒与胡塞尔的相遇是在于哈勒举行的第一次康德会议上。"

④ Wolfhart Henckmann,*Max Scheler*,Verlag C. H. Beck,München 1998,S. 13,S. 19.

随鲁道夫·奥伊肯完成了博士资格考试（博士论文：《关于逻辑学原则与心理学原则之间关系确定的论稿》）和任教资格考试（任教资格论文：《超越论的和心理学的方法》）。此前他还在柏林随狄尔泰、施通普夫和西美尔学习过哲学、心理学等。从他当时已经完成的两篇论文标题来看以及从他的学习经历和师承背景来看，可以很容易确定：胡塞尔与舍勒之间的交谈会有许多共同语言。情况也的确如此。但舍勒与胡塞尔之间的交谈内容显然更多还是汇集在他们的共同信念上。按舍勒文章所述："笔者在对他至此为止所亲近的康德哲学不甚满意的情况下（由于这个原因，他将已经付印了一半的关于逻辑学的论著重又收回[①]）达到了这样的信念：以直观的方式被给予我们的东西，其内涵原本就要远为丰富于在此内涵上通过感性组成部分及其生成衍生物以及逻辑统一形式所能相合的那些东西。当笔者向胡塞尔陈述这一观点并说明他将此见解视作构建理论哲学的新的、富有成效的原则时，胡塞尔马上指出，他也在其新的、即将出版的著作中将直观概念作了类似的扩展，使它扩展到了所谓'范畴直观'上。从这一瞬间起，一种精神的联系便得以形成，这个联系后来在胡塞尔和笔者之间始终存在着，而且它给笔者带来了极大的收益"（GW VII，308）。

这次"对于他后来的生活道路至关重要的会面"[②]是在舍勒刚完成任教资格考试后不久发生的。此后几年，舍勒的学院求职生涯并不遂心。在如今留存下来的写给胡塞尔的十封信中，很多内容都与

---

① 舍勒的确曾将一部《逻辑学》手稿交付印刷，而后又收回。但这是在1906年发生的事情，即在与胡塞尔结识和谈话的五年之后。因此他的这个回忆仍然有误。对此可以参见：Max Scheler, *Logik I. Mit einem Nachwort von Jörg Willer*, Amsterdam 1975; „Logik I“, in GW 14, S. 9—261; Hua Brief. II, S. 213, Anm. 9.

② W. Henckmann, *Max Scheler*, a. a. O., S. 19.

他谋求大学教授职务方面的努力与请求相关。例如，在现存的 1906 年 3 月 5 日致胡塞尔的第一封信中，舍勒首先谈到他的想法：在特奥多尔·利普斯那里做任教资格的转考。[①] 这主要是因为，他在私生活方面的一个丑闻使得他不可能在已经担任私人讲师五年的耶拿大学获得教职，即使他的导师奥伊肯在这里有绝对的影响力。因此，他尝试在慕尼黑通过利普斯的帮助来解决困难。他在给胡塞尔的信中表达了他的担心：尽管利普斯友善地答应了他的请求，但想要在慕尼黑大学进行任教资格考试的人很多，利普斯可能会优先考虑他自己的学生，而利普斯的学生当时有二十人之多。[②] 因此，他同时也询问胡塞尔是否有另一种可能性，即胡塞尔是否有可能像他所听闻的那样：接受布莱斯劳大学哲学系的聘任，并去那里接任因海尔曼·埃宾豪斯（Hermann Ebbinghaus，1850 - 1909 年）转去哈勒大学任职而空出的正教授位置。他希望，如果胡塞尔决定去那里任职，他可以在布莱斯劳大学随胡塞尔完成任教资格的转考。[③] 胡塞尔后来并未收到布莱斯劳大学的聘任邀请，但他还是为舍勒写了一份推荐函。舍勒于 1906 年在慕尼黑大学完成任教资格转考，自这年起在慕尼黑大学担任无俸讲师。

---

① 即所谓“Umhabilitation”，它与德国大学的一个教师聘任程序相关：一个已经在一所大学完成任教资格考试（Habilitation），但又不能在这所学校获得正式教授职位的讲师，可以通过一种相对简短的程序来谋求在另一所大学任教资格，这个程序叫作“Umhabilitation”，它以已有的“任教资格”为前提。

② 参见舍勒 1906 年 3 月 5 日致胡塞尔的信：“但在总体上，对利普斯先生在关键时刻如何对事情表态，他会在多大程度上支持此事，以及在多大程度上不支持此事，对此我还保留一定的怀疑。从我们的谈话中我还没有完全弄清这一点。他在任教资格考试方面首先要考虑他的学生，也不能为此而责怪他；而他对我说，在他那里有二十人（！）希望进行任教资格考试”（书信 II，211）。

③ 参见：E. Husserl, *Briefwechsel*, Hua Dok. III/1-10, in Verbindung mit E. Schuhmann hrsg. von K. Schuhmann, Kluwer Academic Publishers: Dordrecht/Boston/London 1994, Bd. II, S. 212（以下在正文中直接标明“书信”、卷数与页码）。

而在整整十年之后，即在现存的1916年3月8日致胡塞尔的最后一封信中，舍勒首先讨论的仍然是他的教职问题。这是因为他在慕尼黑任无俸讲师期间再次因其妻子而陷入婚姻丑闻和事关"大学教师之尊严"的官司，最终被大学开除，失去执教资格。此后他住在柏林和哥廷根，成为自由哲学作家，并经常活动于哥廷根现象学者圈中，在那里做校园外的报告和讲座，直至第一次世界大战爆发。舍勒撰写此信时，胡塞尔已经准备赴弗莱堡大学接任李凯尔特的哲学教椅。舍勒在信中谈到一个新的任职机会，并为此"无论如何"都想去哥廷根或弗莱堡拜访胡塞尔。这个新的机会是因新康德主义的年青代表拉斯克(Emil Lask，1875－1915年)于10个月前战死在一战前线而空出的海德堡大学副教授的位置。他对胡塞尔透露，"但自从我(这是对您私下言之)听说在[海德堡大学]哲学系讨论填补拉斯克教椅人选之事时曾提到我的名字之后，我就被一种难堪的感受所吓退：如果我在那里落脚的话，我看起来将会多么像是一个等待者。西美尔现在滞留于此，他认为他会帮助消除这个印象。那么我们就等着瞧吧。"(书信 II，229)等待一位阵亡者空出的教职，这的确是令人难堪的事。但舍勒没有料到的是，他写信给胡塞尔的这一天(1916年3月8日)，恰恰就是胡塞尔的次子沃尔夫冈在一次大战中战死疆场的日子。[①] 不过胡塞尔还是在4月1日到达弗莱堡后不久便于当月底在那里的新居里接待了舍勒。[②]

除此之外，胡塞尔还于1910年7月18日为舍勒写过一封推荐函，这应当是在胡塞尔为舍勒所写推荐函和鉴定书中唯一保留下来

---

① 此外，舍勒在信尾还询问胡塞尔两个儿子的情况，并报告另一位哥廷根毕业的哲学博士汉斯·维斯特法尔(Hans Westphal，1885－1915年)在前线阵亡的消息。

② M. Scheler，„Neun Briefe an Karl Muth"，in：Paul Good (Hrsg.)，*Max Scheler im Gegenwartsgeschehen der Philosophie*，a. a. O.，S. 50.

的一封,至少是唯一可以见到的一封,其起因也与舍勒的教职有关:舍勒在被大学开除之后还有借助巴伐利亚王国的王储鲁普莱希特的支持而作为哲学教授被派遣到埃及开罗大学担任教职的可能,为此舍勒需要胡塞尔的推荐函。胡塞尔在其中写道:“舍勒博士先生作为哲学家身处哲学战斗之中,这些战斗推动了我们时代的德意志精神生活。他绝不是一位二手的思想家,而是一位极为敏锐、极为独立和在科学上极为严格的研究者。我十分确定,一旦他的私人状况获得有利转机,就可以期待他提供重大的和重要的著作,我在与他的多次深入交谈中对这些著作的主导思想已经有所知晓。在逻辑学、现象学的理性理论、伦理学、社会哲学、有机现象的哲学这些学科中,他提出了在科学上富有价值和全面的研究,这些著作的出版有望为所有严肃的哲学爱好者们提供巨大的教益。——他的学识不同寻常。他掌握当前和以往德国的(以及非德国的)哲学文献的程度令人惊异。这些广博的知识在经过全面的批判处理之后曾对他在耶拿大学和慕尼黑大学的讲座起到好的作用。”(书信 II,232)

从总体上看,在舍勒与胡塞尔的关系中,舍勒始终是受益的一方。在极度困难的处境中,他一再得到胡塞尔的支持。撇开各种推荐与鉴定不论,胡塞尔在舍勒两度失去大学教职之后仍然邀请他作为四名编委之一参与《哲学与现象学研究年刊》的工作。正是在这个年刊的第一、二辑上,舍勒发表了被他称作“为哲学的伦理学进行严格科学的和实证的奠基”的代表作《伦理学中的形式主义与质料的价值伦理学》。[①] 由此得以将他在现象学以及价值伦理学方面的思考展示于人,为他日后(1918－1928 年)在柏林、科隆和法兰克福最终

① 舍勒:《伦理学中的形式主义与质料的价值伦理学》,倪梁康译,商务印书馆,北京,2011 年,页 1。

获得大学各种正式和非正式的教职[①]提供了在学术成果和学术影响方面的重要前提。

在此意义上，舍勒在 1922 年所撰文章中提到他与胡塞尔之间形成的“一种精神联系”以及由此而“带来的极大收益”（GW VII，308），的确并非客套之辞。在胡塞尔与舍勒之间建立的这种“精神联系”，后来也被舍勒比作与“费希特通过康德、谢林通过费希特、黑格尔同时通过费希特与谢林而得到推动”相类似的联系。他甚至认为，在现象学运动成员中，唯有在胡塞尔与他之间才存在这种特殊的推动与被推动的联系。[②] 但舍勒也同时说明，现象学“比任何一门哲学都更多是一种合作的事业，而且是在胡塞尔的推动下，但绝非在他的领导下”（GW VII，327）。现象学家们“并未在特定的教义、命题、定理上，而是在一种特殊的研究方向和研究方法（研究的技艺）上达成了一致”（GW VII，327）。这种在特殊研究方向和研究方法上的一致性具体表现在以下两个方面：

1.“本质直观”与“伦常明察”的研究方法：情况的确如舍勒所描述的那样，在 1901 年，当舍勒还在用相当含糊的语言表达其“本质直观”方面的见解时，胡塞尔已经在这年出版《逻辑研究》第二卷[③]中明确地对“直观”的概念做了拓展，使它们不再局限于“感性直观”，而是也延伸到“概念直观”、“形式直观”、“范畴直观”、“观念直观”上，[④]这

① 舍勒于 1918 年在柏林大学获得名誉教授（Honorarprofessor）的头衔，1919 年被任命为科隆社会科学研究所的三所长之一，1928 年去世前获得法兰克福大学正教授的位置。

② 参见舍勒：GW 7，327：“在这里能提到的唯有我自己”（Nur ich selbst wäre hier zu nennen）。

③ 如果依据舍勒的这个回忆，那么《逻辑研究》第二卷在胡塞尔与舍勒相识时（1901 年）应当还尚未面市或刚刚面市。而如果依据 W. 亨克曼的核查，那么此时（1902 年）这一卷已经出版。

④ 同样，“表象”的概念延伸至“普遍表象”。

些概念后来都被他归入到“本质直观”的范畴中。舍勒赞同胡塞尔这种将直观概念扩展到感性之外领域的做法，但他最终实际上比胡塞尔走得更远，他不仅像胡塞尔那样将本质直观视为整个科学认识的基础，而且更是当作整个文化的基础。易言之，舍勒不仅认为，观念直观可以用于纯粹理性批评，而且可以用于价值批判和人类文化批判。[①] 例如，舍勒提出的“伦常明察”的概念，实际上是将本质直观的概念运用在伦理学和道德认知的领域，从而为亚里士多德的“实践智慧”与孟子“是非之心”提供了一个现代版本。[②]

2.“实事哲学”的工作方向：如果说本质直观是在当时现象学家们之间默认的方法上的一致，那么“面对实事本身”的工作哲学精神就是他们在研究方向上达成的一致。舍勒特别强调现象学的实事哲学(Sachphilosophie)特征：“现象学哲学有别于德国现有种种哲学的地方首先在于，它不是作为立场哲学，而是作为纯然的实事哲学出场”(GW VII,327)。他对胡塞尔的积极评价也在于此：“只是通过埃德蒙德·胡塞尔的《逻辑研究》，一种无立场的、非传统主义的实事哲学才在更为宽泛的程度上得以启动，尽管弗里茨·布伦塔诺、雷姆克、杜里舒、B.埃德曼、施通普夫等人在胡塞尔出现之前也已将哲学引向了这一方向”(GW VII,266)。这个意义上的“实事哲学”概念，虽然在胡塞尔以及舍勒所列出那些思想先驱的术语表达中未曾出现，但与胡塞尔所说“工作哲学”(Arbeitsphilosophie)或“现象学的观点”基本一致。舍勒在1915年出版的《价值的颠覆》前言中曾将其特征概括为：“我们的所有世界概念和基本概念都可以借助由胡塞尔

---

① 与此一致，舍勒将哲学理解为“对意识的价值批判”。参见：W. Henckmann, *Max Scheler*, a.a.O., S.19.

② 对此论题可以参见笔者：“‘伦常明察’——舍勒现象学伦理学的方法支持”，载于：《哲学研究》，2005年，第1期，页57－66。

首先明确地表达出的‘现象学的观点’而被回溯到它们的最终的和本质的体验基础上”(GW III,7)。它意味着一种贴近地面的、自下而上的工作作风,完全就是胡塞尔所说的在《哲学与现象学研究年刊》编者们之间存在的那种“共同信念”:“只有通过向直观的原本源泉以及在此源泉中汲取的本质明察的回复,哲学的伟大传统才能根据概念和问题而得到运用,只有通过这一途径,概念才能得到直观的澄清,问题才能在直观的基础上得到新的提出,尔后也才能得到原则上的解决。”①

除此之外,舍勒这里所说的:现象学家们“并未在特定的教义、命题、定理上”达成一致,也是为当时包括胡塞尔在内的现象学运动主要参与者们所承认的一个事实。当然,对于在两人的现象学之间存在差异的明确认识,胡塞尔可能要晚于舍勒。无论如何,在1910年为舍勒写推荐函时,他显然对此还知之甚少,因而他在那里对舍勒的评价主要是针对其哲学思考的能力与风格而言。当时胡塞尔很可能没有读过舍勒已发表的著述,他对舍勒的了解很大部分来自两人的交谈以及他人的引述和介绍。此后,在1913年出版《哲学与现象学研究年刊》第一辑后不久,现象学运动的一个主要发起者、被舍勒称作“无名的现象学家”(GW VII,328)的道伯特②便曾在信中向胡塞尔警告说:“舍勒的论著[《伦理学中的形式主义与质料的价值伦理学》,第一部分]为现象学所发布的东西并不地道。切不可被他遍地闪烁的急促心灵所蒙骗。我一再地获得这样的印象:他将‘现象学’

① 胡塞尔:《文章与讲演(1911-1921年)》,倪梁康译,人民出版社,北京,2012年,页69。

② 约翰内斯·道伯特(Johannes Daubert,1877-1947年)与舍勒是1912年在慕尼黑认识的。舍勒在1912年10月1日致胡塞尔的信中写道:“我在慕尼黑拜访了心理学学会,认识了道伯特先生,并与他进行了三个小时的深入交谈,关于认识论,尤其也关于《逻辑研究》”(书信II,214)。

当作手段来实施那些他完全在别处已然确定了的命题。我也不喜欢他的那些来源的暧昧不明”（书信 II,66－67）。而在此期间刚刚到哥廷根随胡塞尔和莱纳赫学习的埃迪·施泰因则在其它方面表达了自己对舍勒的不满：“尽管我急于想捕捉尽可能多的实事推动，但这里还是有些东西让我反感：他说到胡塞尔时的口气。舍勒当然也极力反对观念论的转向，而且差不多是居高临下地来表述自己的意见；一些年轻人现在允许自己用一种讥讽的口气来说话，而这种不恭不敬和忘恩负义让我感到气愤。胡塞尔与舍勒的关系并不完全纯净透彻。舍勒在每个场合都强调，他不是胡塞尔的学生，而是独立地发现了现象学的方法。诚然，他并未作为大学生在胡塞尔那里听过课，但胡塞尔深信舍勒的依赖性。他们彼此相识已有多年。胡塞尔作为私人讲师住在哈勒时，舍勒住在附近的耶拿；他们常常会面并有思想交流。[①] 每个人都知道，舍勒会如何轻而易举地从他所认识的或者哪怕只是读过其著述的其他人那里获得推动。种种观念飞往他那里，在他那里继续工作，而他自己并未意识到它们的影响。他可以心安理得地说：这都是他自己的财富。除了这种为了优先权的竞争之外，在胡塞尔那里还有对他学生的另一种严肃的担忧。他付诸了最大的努力来培养我们的严格实事性和缜密性，培养‘彻底的智识的诚实性’。但舍勒的方式却是播撒天才的启示，而不对它们做系统的探究，这种方式含有一些让人眼花缭乱并充满诱惑的东西。此外，他谈的是切近生活的问题，它们对于每个人而言都是事关重要的，而且特别能够打动年轻人，不像胡塞尔仅仅谈论冷静而抽象的事物。尽管有这些张力，当时在哥廷根两人之间还是有友好的往来”（ESGA

① 这个说法至此尚未获得旁证。而按舍勒的也未获得旁证的表述，他是于 1901 年［实为 1902 年初］才在法伊欣格尔举办的一次聚会上认识了胡塞尔并与之讨论直观问题。

1,159f.)。

对于舍勒的总体思想及其与自己哲学的根本差异,胡塞尔自己应当是在1921年通过对《伦理学中的形式主义与质料的价值伦理学》全书的仔细阅读(还有在1929年对其中几个部分的再次仔细阅读)以及在1922年对舍勒新出版的《论人之中的永恒》全书的阅读才有所了解。[①]

目前能够确定的是,除了舍勒的《形式主义》书之外,胡塞尔还在1930年前后认真研究了舍勒的其它著述。在此基础上,他在1930年的《哲学与现象学研究年刊》第十一辑上发表"我的《纯粹现象学与现象学哲学的观念》后记",不点名地批评德国哲学境况中正在争夺主宰地位的狄尔泰的生命哲学、舍勒的哲学人类学和海德格尔的生存哲学,指责它们"是一种向'超越论的人类主义'或'心理主义'的堕落"(Hua V,138,140)。

此后,应康德协会主席利贝尔特(A. Liebert)的迫切邀请,胡塞尔于1931年去柏林、法兰克福、哈勒做了题为"现象学与人类学"讲演。胡塞尔将这个讲演视作对狄尔泰、舍勒和海德格尔的哲学观点表明自己立场的一个机会。为了准备这个讲演,胡塞尔又于1931年4月和5月通读了舍勒的《人在宇宙中的位置》和《价值的颠覆》,并

① 1990年弗林斯还认为:"我们并不知道胡塞尔对舍勒的代表作的看法"(参见:M. Frings,„Edmund Husserl:Vorlesungen über Ethik und Wertlehre 1908－1914. *Husserliana*,XXVIII,ed. Ullrich Melle",in:*The Journal of the British Society for Phenomenology*,21/2,1990,p.191)。而1991年李奥纳德编辑出版的"胡塞尔对舍勒《形式主义》书的边注"已经表明,胡塞尔对舍勒的代表作《形式主义》有过仔细的阅读和评注(参见:E. Husserl,"Randbemerkungen zu Schelers *Formalismus*",ed. Heinz Leonardy,*Étude phénoménologiques* 7,1991,pp.3－57)。

此外,胡塞尔在1922年9月18日致其哥廷根时期的加拿大学生贝尔(W. P. Bell)的信中提醒他注意阅读舍勒的《人之中的永恒》,尤其是其中的"宗教的基本问题"一文。他批评舍勒是"装腔作势的天才(Genie der Pose)",企图改造天主教哲学,将它建基于现象学而非亚里士多德之上(书信 III,S. 25)。这与道伯特的看法是基本一致的。

作了相关的笔记。[①] 他在这年 4 月 19 日致英加尔登的信中说："我应当在柏林、哈勒和法兰克福（康德协会）谈现象学与人类学，并且必须仔细阅读我的对手舍勒和海德格尔"（书信 III，273－274）。后来，胡塞尔在柏林等地的讲演中指名批评了"狄尔泰的生命哲学"，并且不指名地批评了"在人之中的……"以及"具体－世俗的此在的本质论"（舍勒、海德格尔）。只是在其讲演的结束语中，胡塞尔才简短地提到了舍勒，批评"任何一种存在论式的观念论，如舍勒式的，它已经将我的《逻辑研究》对埃多斯、对先天论的和本体论的认识的改造论证看作是一张为素朴形而上学颁发的通行证。"[②]

从柏林等地回到弗莱堡后不久，胡塞尔在 6 月 22 日致亚历山大·克伊勒的信中说："我刚回到家中。……现在我正着手为德国读者来修改《笛卡尔式的沉思》，并且顾及那些自舍勒以来便成为主导的误解"（书信 III，360）。胡塞尔希望能够在新一辑的《哲学与现象学研究年刊》上出版《笛卡尔式的沉思》的德文修改版以及"贝尔瑙"时间研究手稿。但这个出版计划在胡塞尔生前未能实现。《笛卡尔式的沉思》的德文版是在二战后才作为《胡塞尔全集》的第一卷由荷兰马尔梯努斯·奈伊霍夫出版社刊印发行（海牙，1950 年）。在这个德文版中，胡塞尔仅仅提到舍勒一次，主要涉及同感问题。他认为在此问题上，"所有至此为止的理论（也包括马克斯·舍勒的理论）都始终没有真正的结果"（Hua I，173）。由此也可以看出，胡塞尔在致克伊勒

① 参见：K. Schuhmann：*Husserl-Chronik. Denk- und Lebensweg Edmund Husserls*，Martinus Nijhoff：Den Haag 1977，S. 379（以下在正文中直接标明"年谱"与页码）。

② 胡塞尔：《文章与讲演（1922－1937 年）》，《胡塞尔全集》（Husserliana），第二十七卷，克鲁威尔学术出版社，多特雷赫特等，1989 年，页 180（以下在正文中对《胡塞尔全集》仅直接标明简称"Hua"及卷数与页码）；对此还可以参见 Karl Schuhmann：„Zu Heideggers Spiegel-Gespräch über Husserl"，in：*Zeitschrift für philosophische Forschung*，Bd. 32，H. 4 (Oct.- Dec.，1978)，S. 607.

中所说的“自舍勒以来便成为主导的误解”已经不再是针对舍勒的超越论人类主义和形而上学，而主要是针对其同感理论或交互人格问题的具体研究。

事实上，在胡塞尔留下的大量遗稿中，关于舍勒的专门思考和论述几乎没有。在1930年为柏林讲演所做的舍勒、海德格尔研究中，胡塞尔写下了对海德格尔《存在与时间》和《康德与形而上学问题》两本书的多方面批评，然而对于舍勒，胡塞尔只做了一份对《价值的颠覆》一书的摘录，并未做出任何可与海德格尔批评相比较的舍勒辩驳(Hua XXXIV，XL-注4)。究竟是胡塞尔在此过程中并未发现舍勒思想中与自己根本对立的问题？还是他发现了舍勒的问题不在于舍勒本身，而仅仅在于后人对他的误解？仅依据现有的资料还无法回答这一问题。

无论如何，这里可以参考胡塞尔与舍勒共同的学生、社会哲学家普莱斯纳对舍勒的思想的一个总体的评价：“尽管舍勒的哲学有形而上学的倾向，他在所有奠基问题上都是现象学家。”[①]仅此一点，便可以使舍勒在胡塞尔那里根本有别于自1928年接任胡塞尔教席之后便不再谈现象学而只谈形而上学的海德格尔。

对此三位现象学家，还可以参考埃迪·施泰因所做的一个总体评价：“他[舍勒]在理解上快得吓人，不仅在对另一个人所说的东西的理解上，而且也在对作为基础而始终未说出的东西的理解上。……舍勒对我来说始终是不同于我遇到的任何一个其他人的真正‘天才现象’。不言而喻，胡塞尔也是一个天才，但同时也是一个带有极为细腻的智性良知的真正德国学者。舍勒常常停留在他的最初

---

① 普莱斯纳(Helmuth Plessner)：《有机体的诸层次与人》(*Die Stufen des Organischen und der Mensch*)，柏林、莱比锡，1928年，“前言”，页V。

想法上，而它们并不总是最好的想法。长时间的工作或等待，直至一个直觉来临，这不是他的方法。在他那里，这也是他为何不是一个坚定不移的现象学家的原因。我也想就海德格尔说：他不是坚定不移的——不是因为他太快（只要他愿意，他也是一位最精微分析的大师），而是因为他的形而上学。"[①]

舍勒本人曾在一份很可能写于他去世前不久并可以被标为"当代德国现象学"的未发表遗稿中自我评价说："除了胡塞尔之外，只有我自己和海德格尔给出了现象学的一个确定落实的类型以及对哲学的一个系统建构的纲领"（GW VII，330）。如今看来这是毫无疑义的事实。当然，从影响上看，如伽达默尔所说，舍勒在当代哲学意识中的影响还远不能与胡塞尔或海德格尔相比拟。[②] 这一方面可能与他过早地离世有关，另一方面也可能与他在哲学思考方面过于铺陈和挥霍有关。[③] 尽管如此，只要对舍勒的这个说法做一大致的回顾考察，我们就可以确认：在胡塞尔引发的现象学运动中，舍勒的确占有一个十分特殊的位置、一个足以与海德格尔相比较的位置。他在这个运动的早期便成为该运动的核心成员，并且在逻辑学、认识论、伦理学、心理学、人类学、宗教哲学、价值哲学等各个方面有力地推进了现象学的研究。但他的工作同时也给这个运动带来一定的负面影响，尤其是他常常在这个名义下加入一些其实不符的东西，从而削弱和淡化了胡塞尔的原本现象学的特性。我们在海德格尔那里也会发

---

① Edith Stein, *Selbstbildnis in Briefen*, II, 1933-1942, ESGA 3, Herder Verlag: Freiburg 2000, „Edith Stein an Jan Hille Nota", 1941.11.29.

② H.-G. Gadamer, „Max Scheler - der Verschwender", a.a.O., S.11 ff.

③ 伽达默尔将原因归结为舍勒是一个精神的"挥霍者"。海德格尔在悼词中用积极的语词来阐述这一特质："发问的总体性——处在存在者的整体之中——一种对于所有新爆发的可能和力量而言的异常辨别力。"参见：*Max Scheler im Gegenwartsgeschehen der Philosophie*, a.a.O., S.9, S.10 f.

现同样的情况。这是现象学运动的一个乖悖违戾之处：倘若没有早期的舍勒以及后期的海德格尔的加入和共同作用，现象学可能很难会成为后人看到和理解的“运动”；然而也恰恰是因为他们的加入与“或对或错的”①共同作用，现象学虽然成为声势浩大的“运动”，但在此运动中，最狭义的现象学，即胡塞尔现象学的成分却日渐稀疏。不过这也可能是所有想要成为某种运动和思潮的哲学理论都无法逃避的最终归宿。胡塞尔早期曾对现象学的广泛传布抱以欢喜之心，后期则基本上淡然以对，不再为此做任何积极的努力，原因也大致在于此。②

舍勒于1928年5月19日突然辞世。胡塞尔于次日在邀请其研讨课的学生喝下午茶时从一位学生(Aurel Kolnai)那里得知了这一消息(年谱，334)。而在此之前的一个多月，胡塞尔也已经向巴登教育部提出退休申请，将自己的教席托付给海德格尔。所有这些都使得1928年成为对现象学运动而言一个至关重要的年头。在这三位代表了“在今日德国，不，在今日欧洲，乃至在整个当代哲学中的最强大哲学力量”③的现象学家之间，既存在诸多一致，又存在诸多分歧，其中的复杂而微妙的思想联系如今已成为当代研究者们越来越关心的课题。而其中的一个主要原因就在于，在这三位现象学思想家这

---

① 这是伽达默尔在谈及海德格尔对现象学运动之发展时使用的英语表达“right or wrong”：H.-G. Gadamer，„Max Scheler - der Verschwender“，„Max Scheler - der Verschwender“，a. a. O.，S. 9，S. 10f.

② 胡塞尔在1922年12月13日致贝尔的信中就他在英国哲学界发挥可能影响的问题写道：“我(始终如一[semper idem])无法成为实际政治家，纵然是为了现象学及其成就也做不到。我不能为了‘名气’这道小扁豆菜(Linsengericht)而在英国出售我的灵魂救赎(这种‘小扁豆’我很不喜欢吃，尤其是自现象学成为时尚以来)”(书信III，45-46)。

③ 这是海德格尔对舍勒的评价(参见：M. Heidegger，„Andenken an Max Scheler“，in Paul Good (Hrsg.)，*Max Scheler im Gegenwartsgeschehen der Philosophie*，a. a. O.，S. 9)。我们在这里借它来评判这三位最重要的现象学家。

里不仅可以看到在德国古典哲学中包含的,而且也是在近代欧洲哲学中包含的两个主要动机(笛卡尔动机和黑格尔动机)在现代思想中的突出的表现方式以及特殊的落实状况。

关于胡塞尔现象学与舍勒现象学(也包括与海德格尔现象学)的总体关系,笔者在《现象学及其效应——胡塞尔与当代德国哲学》[①]中已经给出了一般性的引论,因此这里的文字不准备在此方向上做更进一步展开,而仅仅满足于通过上述概论完成在此期间对胡塞尔与舍勒关系的补充和更新的论述,以便随后可以在接续的文章中直接切入另一些具体问题的研究,主要是胡塞尔与舍勒在人格问题上的思考得失的讨论。藉此,笔者希望一方面可以发现和指明现象学家们处理哲学问题的基本方式,另一方面也可以在对他们思想成果之理解的基础上进一步展开和推进相关方向的问题研究。

① 参见倪梁康:《现象学及其效应——胡塞尔与当代德国哲学》,三联书店,北京,1994 年第一版、2005 年第二版,商务印书馆,北京,2014 年第三版。

第二章
精神人格的结构分析与发生分析及其奠基关系问题

第1节 “人格”(Person)以及“人格现象学”的双重含义

在1931年年初写给亚历山大·普凡德尔(Alexander Pfänder, 1870－1941年)的信中,胡塞尔谈到他贯穿在其整个弗莱堡工作时期的“新的、极为广泛的研究”计划,其中首先便包括了“人格现象学与更高级次的人格性现象学”(Phänomenologie der Person und der Personalitäten höherer Ordnung)①,在这些新研究中产生的手稿,“数量已经增加到了无法控制的地步。其间一再地产生出这样的担忧:在我这个年龄,我自己是否还能将这些托付给我的东西最终加以完成。激情的工作导致我一再地经受挫折并一再地陷入忧郁。最终留存下的是一种普遍的、压抑的基本情绪,是危险地坠落了的自身信任”(书信II,180)。这里的表述如实地反映出胡塞尔自弗莱堡就职

① 胡塞尔在这里接下来还提到的是:“文化现象学、人的周围世界一般的现象学;超越论的‘同感’现象学与超越论的交互主体性的现象学,作为世界现象学的‘超越论感性学’,即纯粹经验世界的现象学,时间与个体化,作为被动性构造成就理论的联想现象学、逻各斯现象学、‘形而上学’的现象学问题域等等”(书信II,180)。——这里还需要留意一点:胡塞尔在这里所说的是“人格现象学”,而非“人格本体论”或“人格伦理学”。梅勒的论文“胡塞尔的人格伦理学”所讨论的主要是后两者(参见氏著:“胡塞尔的人格伦理学”,陈联营译,载于:《中国现象学与哲学评论》,第十三辑,《现象学与神学》,上海译文出版社,上海,2014年,页275－298)。

(1916年)以来对自己在人格或人格性研究工作方面所持的总体的悲观与不满态度。由此便可以理解,直至1927年,海德格尔在《存在与时间》中还写道:“胡塞尔关于‘人格性’(Personalität)的研究至今尚未印行。”但他在这里同时也指出:“问题提法的根本倾向早在‘哲学作为严格的科学’这篇论文中就表现出来了(《逻各斯》I,1910年,第319页)。《纯粹现象学与现象学哲学的观念》(《胡塞尔全集》第四卷)的第二部分更为深入地推进了这一研究”(GA 20,Anm.1)。当然,海德格尔在这里预告的《纯粹现象学与现象学哲学的观念》第二卷,是在胡塞尔去世后才作为其遗稿而整理出版的。

这里所说的“人格”,其对应的德文是“Person”。这个词实际上具有两个基本的含义,因此有必要对它们进行分别讨论。[①] 尽管无论是在胡塞尔那里,还是在舍勒那里,它们都不始终明显地以相互分离的形式出现,而更多是含糊地交织地包含在作为名词的“Person”中,然而它们在作为其派生的形容词和抽象化名词出现时则常常可以得到相对清晰的界定:

1.作为普遍精神生活的人格:它在胡塞尔那里基本上等于“精神的”,常常以形容词“personal”的方式得到表明,也可以通过名词“Personalität”得到强调。这个意义上的“Person”问题是在与自然或自然世界相对应的语境中得到讨论的。它的抽象名词“Personalität”更应当被译作“人性”或“人格性”。[②] 这也是在上引胡塞尔和海德格尔说法中谈及的“人格”或“人格性”。我们可以将它称

---

① 辛哈所做的关于胡塞尔“人格”概念的专论并未看到这个概念中的双重含义。参见:Debabrata Sinha,„Der Begriff der Person in der Phänomenologie Husserls“, in *Zeitschrift für philosophische Forschung*,Bd.18,H.4(Oct.-Dec.,1964),S.597-613.

② 在此方向上的研究例如可以参见:Thomas M.Seebohm,“Husserl on the Human Sciences in *Ideen* II”, in L.Embree and T.Nenon(eds.),*Husserl's Ideen*,Springer:Dordrecht 2013,pp.125-140)。

作“第一人格问题”。这方面的阐述包含在胡塞尔在关于“自然与精神”问题下所做的所有思考中。[①] 这些思考延续的时间如此之长，内容如此之丰富，以至于耿宁在为2001年出版的《自然与精神》(《胡塞尔全集》第三十二卷)所撰书评中可以说：“《胡塞尔全集》中的遗稿出版得越多，就越清楚地表明，胡塞尔哲学的主要问题与其说是为科学进行绝然性论证的问题(‘笛卡尔的动机’)，远不如说是与自然科学相对的意识、主体性、人格、精神的科学和哲学的独立性问题。”[②]这里提到的“人格”，主要是指第一意义上的人格概念。如果耿宁在这里作为“胡塞尔哲学主要问题”所列出的前者代表着“笛卡尔的动机”，那么后者应当就更多地代表着“黑格尔的动机”，或者也可以说：代表着在黑格尔之前的“维柯的动机”，代表着在黑格尔之后的“狄尔泰的动机”。这两个动机贯穿在胡塞尔于纯粹意识现象学研究以及人格现象学研究中进行的横意向性的结构分析和纵意向性的发生分析之始终。

2.作为个体之个性的人格：它在胡塞尔那里是“普遍的”、“共同体的”的对应项，常常以形容词“persönlich”的方式得到表明，也可以

---

① 对此问题域的讨论可以参见胡塞尔的以下生前发表的和未发表的文稿与讲座稿：

1.《哲学作为严格的科学》(1910年，载于：《全集》第25卷：《文章与讲演(1911－1921年)》)；

2.《纯粹现象学与现象学哲学的观念》第二卷(1913－1924年，《全集》第4卷)；

3.“自然与精神”演讲(1919年夏季学期，载于：《全集》第25卷：《文章与讲演(1911－1921年)》)；

4.《自然与精神》讲座(《全集资料编》第4卷：《自然与精神(1919年夏季学期讲座)》)；

5.“自然与精神。实事科学与规范科学。自然科学与精神科学”(1920/1924年夏季学期“伦理学引论”讲座附论，载于：《全集》第37卷：《伦理学引论(1920/1924年夏季学期讲座)》；

6.《自然与精神》讲座(《全集》第32卷，《自然与精神(1927年夏季学期讲座)》)。

② 耿宁：“胡塞尔论‘自然与精神’”，方向红译，载于：耿宁：《心的现象》，商务印书馆，北京，2012年，页405。

通过名词“Persönlichkeit”得到强调。在此意义上的“Person”问题是在与共同生活与社会行为相对应的语境中得到讨论的。它的抽象名词“Persönlichkeit”更应当被译作“个性”或“个人性”。[①] 这个意义上的“人格”可以被称作“第二人格问题”。施特拉塞尔编辑出版的《笛卡尔式的沉思》第五沉思[②]、耿宁编辑出版的三卷本《交互主体性现象学》[③]、比梅尔编辑出版的《观念 II》中的部分内容[④]，以及舒曼编辑出版的“胡塞尔对埃迪·施泰因国家考试论文所做的摘录”[⑤]，主要是讨论这个问题的。

从总体上看，胡塞尔的人格现象学思考和研究也是沿着这两个词义的方向展开的：其一，对与自然主义观念相对立的人格主义观点的探讨，以及对精神世界之构成的现象学描述。它涉及人格自我(das personale Ich)或精神自我(das geistige Ich)与自然世界的关系，亦即心灵与自然以及心灵与肉体的关系；其二，对与社会和共同体问题相对应的个体问题的探讨，以及通过同感(Einfühlung)对他人的构造问题。它涉及个人自我(das persönliche Ich)或个体主体性与社会主体性(die individuelle oder soziale Subjektivität)的关系

---

① 在此方向上的研究例如可以参见：J. G. Hart：*The Person and the Common Life. Studies in a Husserlian Social Ethics*，Dordrecht u. a. 1992。

② 胡塞尔：《笛卡尔式的沉思与巴黎讲演》，《胡塞尔全集》，第一卷，施特拉塞尔编，马尔梯努斯·奈伊霍夫出版社，海牙，1950年。

③ 胡塞尔：《交互主体性现象学》，第一部分：1905－1920年、第二部分：1921－1928年、第三部分：1929－1935年，《胡塞尔全集》，第十三、十四、十五卷，耿宁编：马尔梯努斯·奈伊霍夫出版社，海牙，1973年。

④ 胡塞尔：《纯粹现象学与现象学哲学的观念》第二卷，《胡塞尔全集》，第四卷，玛利·比梅尔编，马尔梯努斯·奈伊霍夫出版社，海牙，1952年。——这一卷的内容既涉及前一个意义上的人格，即精神生活意义上的“personales Ich”(Hua IV，321)，也涉及后一个意义上的人格，即个体自我意义上的“persönliches Ich”连同其“个人的特性或性格特征”(Hua IV，249)。

⑤ Vgl. „Husserls Exzerpt aus der Staatsexamensarbeit von Edith Stein“，edited by Karl Schuhmann，in *Tijdschrift voor Filosofie*，Nr. 53，1991，S. 686－699.

问题，亦即心灵与心灵的关系问题以及交互主体性问题。我们暂且不去讨论这两个含义之间是否存在某种内在联系的问题，例如彼此的奠基关系问题，而只关注它们的相互蕴含关系。

无论如何，这两方面的思考都曾——如海德格尔所说——既包含在胡塞尔生前发表的《哲学作为严格的科学》的长文中，也包含在他生前未发表的《纯粹现象学与现象学哲学的观念》第二卷中，而且两者尤其在《观念 II》的第三篇中密切地、乃至不可区分地交织在一起。前一方向的思考更多将胡塞尔与狄尔泰联系在一起，后一方向的思考则更多将他与利普斯联系在一起。“人格”可以在此双重意义上被理解为“交互人格的精神生活”(interpersonal spiritual life)①，并在这两种相互交织为一的含义中受到胡塞尔的讨论和分析。

我们在此对胡塞尔与舍勒的人格现象学的讨论将会在这两个方向上伸展。这里题为“胡塞尔与舍勒：精神人格的结构分析与发生分析及其奠基关系问题”的第一部分将讨论胡塞尔和舍勒的第一个意义上的人格现象学，它也可以被称作“精神现象学”或“文化现象学”。随后在“胡塞尔与舍勒：交互人格经验的直接性与间接性问题”标题下进行的比较和讨论则是针对胡塞尔与舍勒在交互主体性或同感问题上的思考而发，这第二个意义上的“人格现象学”也可以被称作“交互主体性的现象学”或“同感现象学”。

第2节 从狄尔泰到胡塞尔和舍勒的人格问题研究

这里首先需要指出耿宁的一个看法：“仅就胡塞尔探讨交互主体

① T. M. Seebohm, “Husserl on the Human Sciences in *Ideen II*”, a. a. O., S. 129.

性问题的那个最早时期(1905－1910年)而言,就已经必须指明一个全然不同的视角,他正是在这个视角下提出这个问题:对社会的精神世界的特殊经验问题以及在这个'世界'所固有的动机引发关联中的历史问题。这是一个与其说是将胡塞尔与特奥多尔·利普斯,不如说是与威廉·狄尔泰联系起来的视角"(Hua XIII,XXXII)。

这个不仅为胡塞尔,而且也为舍勒所接受的狄尔泰视角就是我们在前一节中所说的"作为普遍精神生活的人格"之视角。海德格尔在1925年《时间概念历史导引》讲座的第13节"指明在现象学中对存在本身之意义问题和对人之存在问题的错失"中曾对这个人格主义视角做过较为细致的说明。他在这一节的a)、b)、e)三小节中专门讨论狄尔泰、胡塞尔和舍勒的人格理论或"人格主义心理学"。这些讨论可以被我们用作双重意义上的"引论"①:一方面是因为海德格尔用它来引出他自己的"此在分析"的引论:人格理论在这里可以说是此在分析的前奏;另一方面,它也可以被用作人格现象学问题的一个历史的和系统的引论:我们在这里用它来引出胡塞尔和舍勒的人格描述与分析。

海德格尔用"人格主义心理学"的说法来命名和标示自狄尔泰开始的现象学人格问题研究趋向。这主要是指在上述的人格的双重词义中包含的第一个方向:精神科学的和人格主义的研究方向。海德格尔认为,狄尔泰的人格主义是对当时在心理学中盛行的自然主义的一种反叛。在此意义上,狄尔泰的"人格",是"自然的对掷(Ge-

① 海德格尔的这个双重意义上的引论的修订版后来被纳入其《存在与时间》的第10节:"此在分析与人类学、心理学、生物学之间的划界"。

genwurf)"或"对自然的反作用(zurückwirken)"。[①] 他不仅区分自然与人格,也区分自然科学与精神科学,最后也区分自然科学及自然主义心理学的"说明"方法与精神科学及人格主义心理学的"描述"方法。

狄尔泰的这个立场当时在总体上被胡塞尔和舍勒所接受。严格说来,可以明显地看到这里有一个双向的相互作用存在:从胡塞尔和舍勒方面来看,他们在以现象学的方式实施狄尔泰的工作:开创一门与自然主义心理学相对立的"人格主义的"或"精神科学的"心理学;[②]而就狄尔泰方面而言,胡塞尔和舍勒的现象学也为他开启了一个新的领域,并且提供了一种新的方法,一种以往被他称作对心理现象的"描述"和"分析",而且如今已在现象学家那里得到出色实施的方法。因此海德格尔也指出:"狄尔泰是第一个理解了现象学诸意图的人"(GA 20,163)。

狄尔泰将人(Mensch)理解为人格(Person),并开创了一门新的心理学。实际上它是一门人学,或如海德格尔所说:"一门关于人的科学,它对人进行第一性的把握,一如他作为人格、作为历史中行动的人格而生存的那样"(GA 20,163)。在这里已经可以发现:人格在狄尔泰那里是一个历史的和发展的概念。黑格尔哲学以及真理观在狄尔泰这里留下了明显的作用痕迹,而且是双重的:它不仅表现在将

---

① M. Heidegger, *Prolegomena zur Geschichte des Zeitbegriffs* (Sommersemester 1925), GA 20, Klostermann: Frankfurt am Main 1994, S. 165. 以下凡引《海德格尔全集》,均仅在正文中给出该全集的简称"GA"、卷数和页码。

② 胡塞尔常常使用"人格心理学"概念,并将它用作"自然心理学"的对应概念或对掷概念(参见卡尔·舒曼:《胡塞尔年谱》,203,251,315)。他还随之区分"自然主义的观点"与"人格主义的或实事科学的与精神科学的观点"以及"自然的经验"与"精神的经验"等等(手稿:A V 4/108-112)。

人格与历史和发展的概念结合在一起，而且也将总体的概念纳入进来。人格在狄尔泰那里同时也是一个总体的概念："在每个存在的瞬间，这个人格都在进行反作用，它是完整的人格，不仅仅是意愿的、感受的和观察的人格，而且始终是同时以一切归一的方式在进行；人格的生命联系在每个处境中都是这样一种发展的人格"（GA 20，163）。海德格尔所说的狄尔泰人格主义心理学，实际上就是这个意义上的历史哲学与生命哲学或精神科学的共同体。

海德格尔使用的这个意义上的"人格主义心理学"概念，应当主要来自舍勒。在狄尔泰和胡塞尔那里，"人格主义"一词较少出现，偶尔有之，也是以自然主义的对立概念的身份，较少带有完全积极的、实事性的内涵。这多半是因为思想史上的"人格主义"概念通常被理解为一种对人格上帝的主张。这也正是舍勒人格主义伦理学或人格主义现象学的主张。[①] 因此，它在舍勒那里具有一个积极的、奠基性的含义，如海德格尔所说，"就舍勒将人格视作行为的统一，即行为的意向性这一点而言，他说：人的本质是朝向某物的意向，或者如他所言，是超越的姿态本身。——人是一种永恒的超出-朝向，就像帕斯卡尔将人标示为上帝的寻求者一样"（GA 20，181）。

---

① 舍勒的代表作《伦理学中的形式主义和质料的价值伦理学》第一版的副标题是"尤其关注伊曼努尔·康德的伦理学"（Der Formalismus in der Ethik und die materiale Wertethik. Mit Besonderer Berücksichtigung der Ethik Immanuel Kants. Neuer Versuch der Grundlegung eines ethischen Personalismus），第二版之后的副标题则为"为一门伦理学人格主义奠基的新尝试"（Der Formalismus in der Ethik und die materiale Wertethik）。舍勒对此曾做出说明："笔者在这里所阐释的一个原理是：一切价值，也包括一切可能的实事价值（Sachwert），此外还有一切非人格的共同体和组织的价值，都隶属于人格价值；这个原理对笔者来说是如此重要，以至于他在书名中也把他的研究称作'一种人格主义的新尝试'"（参见 M. Scheler, *Gesammelte Werke*, Bd. II, Francke Verlag: Bern und München 1980, S. 14. 以下凡引《舍勒全集》，均仅在正文中给出该全集的简称"GW"、卷数和页码）。

然而在海德格尔那里，“人格主义”更多是一个批判性的概念。对他来说，人格主义在舍勒那里是“失败的尝试”(GA 20,174)。海德格尔将精神哲学或意识哲学以及与此相关的人格主义都视作“对存在本身之意义问题和对人之存在问题的错失”，[①]对此错失的“指明”和“理解”仅仅是他引出自己的存在问题的前奏：在提出自己对在“人格”问题研究上胡塞尔的纯粹性要求与舍勒的超越性前设的批评时，海德格尔已经站在了自己的立场上：存在论的立场。从这个立场出发，“所有由狄尔泰和柏格森规定下来的‘人格主义’流派，所有哲学人类学倾向”，都同狄尔泰和柏格森一道受制于他们的“问题域的限度”以及“概念性的限度”，而且，在海德格尔看来，“即使原则上更为透彻的现象学的人格阐释也不曾进入此在的存在问题这一维度。”[②]这同时意味着，从海德格尔的这一立场出发，不仅人格主义和精神科学的思想取向被弃之不顾，而且“人格”概念本身最终也成为一个有问题的、有待克服的概念，[③]人格问题研究实际上最终已被放弃，取而代之的是立足于基础存在论的此在分析。

事实上，我们在此也只是将海德格尔的批评当作引出我们这里所要讨论问题的前奏，以引出胡塞尔和舍勒的人格问题的思想路径。因而在接下来的分析中，我们还是要回到毋宁说是在海德格尔那里

---

① 或者说“对存在本身的问题与意向者存在(Sein des Intentionalen)的问题的错失”。分别参见海德格尔：GA 20,S.157,S.179.

② 海德格尔：《存在与时间》,GA 2,页 47。

③ 海德格尔在《存在与时间》中明确地写道：“主体、心灵、意识、精神、人格”是一些可疑的名称，因为“使用这些名称的时候仿佛无须乎询问如此这般标明的存在者的存在。所以，如果我们避免使用这些名称，就像避免使用‘生命’与‘人’这类词来标识我们自己所是的那种存在者一样，那么这并非是一种术语上的倔强(Eigenwilligkeit)”(Heidegger,GA 2,S.47)。

"被错失"[①]的人格问题研究上来。

第3节 胡塞尔与舍勒的人格结构现象学

在胡塞尔通过《纯粹现象学与现象学哲学的观念》第一、二卷所要表达的系统现象学研究的构想中,人格现象学属于现象学哲学的一部分,它与人格主义心理学的研究是平行的。在这里,人格现象学的问题首先必须作为一个人格结构的问题,而后作为一个人格发生的问题出现。这也意味着,它首先是现象学的意识结构分析的课题,而后是现象学的意识发生分析的课题。在此意义上可以理解,胡塞尔为何将人格的关系视作"意向关系"。[②] 人格一方面处在"它与实在事物的各种关系中",[③]另一方面,"虽然人格是统一的同一极(Identitätspol),是对于诸性格以及诸如此类而言的基质(Substrat für Charakter und dergleichen),但所有这些都回溯到这个体验流

---

① 这里可以参考波尔诺夫(O. F. Bollnow)在其经典研究著作《狄尔泰哲学引论》1967年第三版序言中对海德格尔的批评:"自《存在与时间》出版后,海德格尔的强劲扩展的影响一度将狄尔泰的影响挤到了台后。对于许多人来说,海德格尔的此在存在论似乎以一种澄清了的和彻底化的方式接受了在狄尔泰那里始终还处在某种不确定状态中的东西。因而狄尔泰看起来已经被新近的发展所超越。然而唯有对海德格尔的存在论所做的透彻批判分析才能表明,他的思考的彻底性是以对提问的强烈限制和窄化(Verengung)为代价的,而且要想继续富有成效地前行,就必须再度回到狄尔泰的更为开放的、尽管起初还显得不够决断的起点上去"(波尔诺夫:《狄尔泰哲学引论》,斯图加特等地,1967年,第三版序言,页8)。

② 参见胡塞尔:手稿(1928年圣灵降临节假期),A V 7/110－116,转引自:《胡塞尔年谱》,同上书,页334。

③ T. M. Seebohm,"Husserl on the Human Sciences in *Ideen II*",in:L. Embree and T. Nenon (eds.),*Husserl's Ideen*,Springer:Dordrecht 2013,S. 132:"The I as person,the egoic person,is given in this world in its relations to the real things as a representing,feeling,evaluating,striving,and acting person."

之上。"[①]在此双重意义上，就人格的结构而言，可以用胡塞尔在其《内时间意识现象学讲座》中使用的"横意向性"[②]表达来这里的实事状况；而就人格的发生而言，则可以用胡塞尔在此使用的"纵意向性"(Hua X,128,482)表达来这里的实事状况。这也与耿宁讨论过的"意识的共时统一或同时统一问题"以及与之相对的"意识的历时统一或演替统一问题"相呼应。[③]

这里的"横意向性"所指的首先是贯穿在人格行为中的意识体验之意向活动与意向相关项的基本结构，尤其是意向活动对意向相关项的构造；其次它还进一步意味着在此结构和构造活动中包含的各种人格行为的奠基关系。它们与海德格尔所说的"意愿的、感受的和观察的人格"是基本一致的，但在排列顺序上存在差别。在胡塞尔那里恰恰相反，人格的行为动机顺序更应当如泽伯姆所说的那样是"表象的、感受的、评价的、欲求的和行动的人格"。[④] 这里对人格行为顺序排序涉及胡塞尔对它们之间存在的奠基关系的确定。梅勒指出："对于胡塞尔来说，在这些种类的行为之间存在着一个不可倒逆的奠基顺序：意愿行为奠基于感受行为之中，而它们两者又都奠基于理智行为之中"，他也将这些行为称之为"理论认知的、感受－评价的以及意愿和行动的"。[⑤] 如果我们划分得更细致些，那么在认知的或表象

---

① 胡塞尔：手稿 A VI 15。转引自：Debabrata Sinha,„Der Begriff der Person in der Phänomenologie Husserls",in a.a.O.,S.598.

② 参见胡塞尔：《内时间意识现象学》，《胡塞尔全集》第十卷，倪梁康译，商务印书馆，北京，2010 年，页 129、页 483。以下凡引《胡塞尔全集》，均仅在正文中给出该全集的简称"Hua"、卷数和页码。

③ 参见耿宁："意识统一的两个原则：被体验状态以及诸体验的联系"，载于耿宁：《心的现象——耿宁心性现象学研究文集》，商务印书馆，北京，2012 年，页 207。

④ T.M.Seebohm,"Husserl on the Human Sciences in *Ideen* II",in:L.Embree and T.Nenon (eds.),*Husserl's Ideen*,a.a.O.,S.132.

⑤ U.Melle,"Husserl's personalist ethics",in *Husserl Studies*,2007,Nr.23,S.4,S.14.

的行为中一方面还可以区分出感知的、回忆的、想象的、图像化的和符号化的行为以及奠基于其中的判断、表达等行为，在它们之间同样存在着一个不可倒逆的奠基顺序；另一方面是在感受行为中还可以区分出爱与恨的行为、同乐与同苦、羞愧与忿怒、喜欢与厌恶等等的情感活动，在它们之间并不必然存在类似在认知行为之间可以发现的明确奠基关系。

这里的所谓"奠基关系"，在胡塞尔的《逻辑研究》中便已得到说明："一个行为的被奠基并不是指这个行为——无论在哪种意义上——建立在另一些行为之上，而是意味着，就其本质，即就其种类而言，被奠基的行为只有建立在奠基性种类的行为上才是可能的"(Hua XIX, II/2, A 650/$B_2$178)。梅勒所说的这种奠基顺序的不可逆性曾经被布伦塔诺定义为"单方面的可分离性"，即：没有感受－评价行为和意愿行为，理智行为还是可以想象的；而没有意愿行为，感受－评价行为也还是可想象的；但反之则不成立。[①] 这个奠基顺序也是为康德哲学所主张的，并且在布伦塔诺那里以"每一个行为或者是一个表象，或者以表象为基础"[②]的方式而得到体现。胡塞尔继承了这个传统，在总体上将非客体化的行为视作必须奠基于客体化行为之中的行为。[③]

---

① 参见 U. Melle, "Husserl's personalist ethics", a. a. O., S. 4.

② 布伦塔诺：《出自经验立场的心理学》，费利克斯·麦纳出版社：汉堡，1973 年，第一卷，第二篇，第一章，第三节，页 120："它们[心理现象]或者就是表象，或者建基于作为其基础的表象之上。"

③ 对此还可以参见 U. Melle, „Objektivierende und nicht-objektivierende Akte", in Samuel Ijsseling (ed.), *Husserl-Ausgabe und Husserl-Forschung*, Phaenomenologica 115, Kluwer Academic Publishers: Dordrecht/Boston/London, S. 35-49，以及笔者："客体化行为与非客体化行为的奠基关系问题——从唯识学和现象学的角度看识与智的关系"，载于：《哲学研究》，2008 年，第 11 期，页 80－87；"客体化行为与非客体化行为的奠基关系再论——从儒家心学与现象学的角度看'未发'与'已发'的关系"，载于：《哲学研究》，2012 年，第 8 期，页 28－35。

这个奠基顺序也可以在佛教唯识学这门有着漫长的跨民族、跨语言历史的东方意识哲学中找到应和与支持。世亲以来的唯识学将意识或“心”(citta)分为八种(阿赖耶、末那、前六识),它们意味着心的主体;而从属于它们的精神作用或心的现象则有五十一种(如惭、愧、忿、覆、悭、嫉、恼、害、恨、谄、诳、憍等),它们被称作“心所”(caitta)。从“心王－心所”的命名上已经可以看出,在它们之间也存在着一种不可逆的奠基关系。

但在舍勒的人格结构分析中,这个“意向的”(intendierend)向度被“感受的”(fühlend)向度所取代。这并不表明舍勒取消了胡塞尔的“意向性”的视角。舍勒同样区分意向的和非意向的感受。舍勒的做法仅仅意味着,在他那里,感受的向度取代了意向的向度,成为其人格现象学或感受现象学(Gefühlsphänomenologie)的核心范畴。在这一点上,他在很大程度上与海德格尔处在同一战线上,同时也在一定意义上处在与胡塞尔相对立的战线中。[①] 在《伦理学中的形式主义与质料的价值伦理学》一书“前言”中,舍勒曾介绍过他的思考和研究系统:除了当时即将出版的社会学和宗教哲学方向上的研究成果之外,他在这部代表作发表前就已经“在感受现象学的(gefühlsphänomenologisch)、道德批判的和伦理学运用方面”发表了一些研究成果(GW II,4)。[②] 事实上,与胡塞尔和海德格尔相比,舍勒的现象学研究是以对感受的分析见长的,他对爱与恨、同情、羞

① 对此还可以参见笔者:“现象学背景中的意向性问题”,载于:《学术月刊》,2006年,第六期,页47－50。

② 舍勒:《伦理学中的形式主义与质料的价值伦理学》,弗兰克出版社:伯尔尼,1980年,中文本:倪梁康译,商务印书馆,北京,2011年,页4。——以下引用舍勒时仅在正文中给出《舍勒全集》的卷数和页码(中文本的边码)。

耻、恭敬、屈辱、怨恨[①]等感受的描述分析已经成为感受现象学研究的经典，并且越来越强烈地影响着今天的情感问题讨论，无论这些讨论是以情感哲学或情感社会学的名义进行，还是以感受理论研究或情感历史研究的名义进行。[②]

但与今天大多数情感哲学的努力不同，舍勒并不只是进行一些孤立的感受现象学分析，反对在此意义上的片断、零碎的“连环画现象学”（Bilderbuchphänomenologie）[③]，而是试图将它们纳入自己的价值感受现象学和人格主义伦理学的系统，指出它们之间的奠基关系。因此，他在进行具体的感受分析的同时也强调“对体系的意愿”

---

① 舍勒对同情、羞耻、恭敬等情感心理的分析以及他提出的“伦常明察”的概念，意味着他已经对孟子所提到所有德性四端都做了感受现象学的讨论。

② 前一类的研究文献例如可以参见：Christoph Demmerling/Hilge Landweer, *Philosophie der Gefühle: Von Achtung bis Zorn*, Verlag J. B. Metzler: Stuttgart 2007, Heiner Hastedt, *Gefühle: Philosophische Bemerkungen*, Reclam-Verlag: Stuttgart 2005；后一类的研究文献例如可以参见：Agnes Heller, *Theorie der Gefühle*, VSA-Verlag: Hamburg 1981，该书的第一部分题为“感受的现象学”（Phänomenologie der Gefühle），第二部分题为“感受的社会学”；此外还可以参见：Jan Plamper, *Geschichte und Gefühl: Grundlagen der Emotionsgeschichte*, Siedler Verlag: München 2012, Ute Frevert（Autor）, Bernhard Jussen（Herausgeber）, Susanne Scholz（Herausgeber）, *Vergängliche Gefühle*, Wallstein Verlag: Göttingen 2013, Eva Weber-Guskar, *Die Klarheit der Gefühle: Was es heißt, Emotionen zu verstehen*, Walter de Gruyter: Berlin 2009. 值得注意的是，从自然科学角度讨论感受问题的文献可以被视作第三类，它们大都未没有顾及舍勒的研究。例如参见：Martin Hartmann, *Gefühle - Wie die Wissenschaften sie erklären*, Campus Verlag: Frankfurt/New York 2005, Joseph LeDoux, *The Emotional Brain. The Mysterious Underpinnings of Emotional Life*, Simon and Schuster: New York 1996.

③ 舍勒：《伦理学中的形式主义与质料的价值伦理学》，同上书，页 11。——这个批评也可以被用来针对胡塞尔的“非历史的”的现象学（GW VII，330）。海德格尔正是在此意义上——无论他在用词上是否受到过舍勒的影响——批评胡塞尔：“由于每个结构最终都必须在其自身上得到指明，现象学的研究方式首先获得了一种如人们所说的连环画现象学的特征或视角，即人们根据个别的结构去做出指明，这种结构也许对于一种体系哲学来说是非常有用的，但一种指明却只能是某种暂时的东西”（GA 20，120）。海德格尔在这里说的“人们”，很可能就是指舍勒。

的合理性，强调“实事本身构成一个体系的联系”(GW II,3－4)。

在舍勒看来，现象学哲学所具有的“体系的特征”并不是其操作者自行编排的，而是由实事本身，即“心的秩序”(Ordre du cæur)所决定的，因而是“哲学在任何奠基中，也包括在其现象学的奠基中所应有的特征”(GW II,3)。但他所直观到的“心的秩序”似乎与胡塞尔所明察到的意识本质结构或“体验的数理模式”(Mathesis der Erlebnisse)[①]并不完全一致。概括地说，如果指向对象的表象行为在胡塞尔那里构成一切行为活动的基础，那么在舍勒那里，这个基础是由指向价值的感受行为所奠定的。[②] 这个意义上的意识分析在舍勒的《形式主义》书中得到特别的强调：“感受活动原初地指向一种特有的对象，这便是‘价值’。所以‘感受活动’才会是一种有意义的感受活动并且因此而是一种能够‘被充实’和‘不被充实’的事情。”他还特别注释说明，“因此，所有‘关于……的感受活动’(Fühlen von)也原则上是‘可理解的’”(GW II,263)。从舍勒的论述来看，感受活动并不始终行使构造对象的功能。据此，舍勒意义上的“感受”具有比胡塞尔的“感受”概念宽泛得多的外延。它甚至把表象和判断的活动，即舍勒所说的“认知的功能”也包含在自身之中，例如对真假的判别等等。

这种价值感受活动在舍勒那里是同样具有直接的和根本的特

---

① 胡塞尔：《纯粹现象学与现象学哲学的观念》，第一卷，马尔梯努斯·奈伊霍夫出版社，海牙，1976年，页158。——以下引用胡塞尔文字时仅在正文中给出《胡塞尔全集》的卷数和页码(中文本的边码)。

② 对此还可以参见笔者：“The Problem of the Phenomenology of Feeling in Husserl and Scheler”, in K.-Y. Lau and J.J. Drummond (eds.), *Husserl's Logical Investigations in the New Century: Western and Chinese Perspectives*, Springer: Dordrecht 2007, pp.67-82. 张任之在其《质料先天与人格生成——对舍勒现象学的质料价值论的重构》一书的3.3.1“理性或情感：胡塞尔与舍勒现象学伦理学的建基”一节中对此有更为详尽的讨论(商务印书馆，北京，2014年，页168及以后各页)。

征。在胡塞尔那里，把握对象的最原本的和最基础的活动在胡塞尔那里是感知（Wahrnehmen）或认之为真（Für-wahr-halten），而在舍勒这里，最原本的和最基础的活动是价值感知（Wertnehmen）或认之为有价（Für-wert-halten）。“价值感知”的概念是胡塞尔在其价值论和伦理学分析中根据“感知”概念而生造的一个语词。看起来他很早便使用这个极具特色的概念，但似乎始终只是在手稿中运用它。胡塞尔在其生前未发表的《纯粹现象学与现象学哲学的观念》第二卷中写道：“这个概念标示着一个从属于感受领域的、与感知（Wahrnehmung）相似的东西，后者意味着在意见（doxisch）领域中原初地（自身把握地）亲在于对象本身。”所谓“价值认知”，是指对客体之“价值”的直接原本把握，就像“感知”是对客体自身的原本把握一样。在这个意义上，“价值认知”也可以被理解为“认之为有价”，而“感知”也可以被译作“认之为真”。胡塞尔在这里还说：“我还在几十年前便将价值认定这个表达用来说明”“最原初的价值构造”。[①] 很可能是舍勒通过与胡塞尔的交谈而非通过阅读胡塞尔的著作才获悉并接受这个概念。它后来也为舍勒运用在其伦理学研究中。[②] 如果在胡塞尔那里可以说，任何行为要么是对象感知，要么以对象感知为基础，那么在舍勒这里就可以说，任何行为要么是价值感受，要么以价值感受为基础。

价值感受之所以可以成为一切行为的基础，在一定程度上是由

① Hua III/2,9。此外还可以参见：Ms. A VI 8 1,88a。——但“价值认定”的概念在胡塞尔 1908－1914 年的早期《伦理学与价值论讲座》中只在附录中出现一次。参见：同上书：编者引论，页 XXXVI，以及正文，页 370。而在 1920 年和 1924 年夏季学期的后期《伦理学引论》中则出现许多次，不仅在讲座正文中，也在相关的附录中。参见：《伦理学引论》，Hua XXXVII (Dordrecht u. a. 2004) 72 ff.，86，113，120 等。就此而论，虽然胡塞尔较早使用这个概念，但成为其主要的伦理学概念则是战后的事情。

② 参见：W. Henckmann, *Max Scheler*, Verlag C. H. Beck: München 1998, S. 104。

价值感知活动的意向相关项，亦即价值所决定的。在舍勒这里，高价值是低价值的基础，即前者为后者奠基。“价值越是延续，它们也就‘越高’，与此相同，它们在‘延展性’和可分性方面参与得越少，它们也就越高；其次还相同的是，它们通过其它价值‘被奠基得’越少，它们也就越高，再次还相同的是，与对它们之感受相联结的‘满足’越深，它们也就越高；最后还相同的是，对它们的感受在‘感受’与‘偏好’的特定本质载体设定上所具有的相对性越少，它们也就越高”(GW II,107)。

另一方面，这个价值感受的秩序也与价值感知的不同内涵种类的奠基秩序相关。就像在胡塞尔这里，想象材料(Phanstama，Phantasiegehalt)必定奠基于感觉材料(Sinnesdaten，Wahrnehmungsgehalt)之中一样，舍勒在这里也指出，“仍然决定着统一生物之统一兴趣方向的并不是觉知内涵(Perzeptionsgehalt)，这种内涵必定已经被给予‘兴趣’，但决定着这个方向的却可以是觉知内涵的感情内涵(sensitiven Gehalt)”(GW II,164)。这意味着，在舍勒这里同样存在着一种不可逆的奠基关系，但顺序与胡塞尔理解的恰恰相反：觉知内涵是奠基于感情内涵之中的。虽然，从胡塞尔的角度来看，这里的奠基关系也可以做发生意义上的“前客体化行为”与“客体化行为”的发生奠基关系来理解，类似于前面所述之胡塞尔的行为引动(Aktregung)与行为进行(Aktvollzug)之间的关系。

无论如何，舍勒在此基础上已经可以提出自己的主张说：“对于认识的所有历史进步而言都有效的是，这个认识的进步所把握的对象在被理智认识、分析和评判之前，首先必须被爱或恨。‘爱者’(Liebhaber)处处都先行于‘知者’(Kenner)”(GW V,81)。而且这一点同样对哲学有效，因为，“对于叫作哲学的这种特殊认识而言，本质必然的前提乃是一种道德态度”(GW V,78,83)。这个观点，也成为舍勒的世界观哲学之主张的理论支撑，也成为他强调实践理性优先于理论理性的根据，从而使他在一定程度上对立于胡塞尔的哲学作为严格科学的主张以及胡塞尔坚持的理论哲学作为第一哲学的理解。这也是海德格尔所说“胡塞尔与舍勒在问题的提法和处理方面、在世界观的倾向上大相径庭”(GA 2,47)的原因所在。

舍勒认为，这是对伦理学的一种根本重建。在他看来，伦理学在其历史上“或者被构建为一门绝对先天的伦理学，而后是理性的伦理学，或者被构建为相对经验的和情感的伦理学”。思想史上只有几个思想家对这个成见进行了撼动，如奥古斯丁和帕斯卡尔，但他们也并未做出新的构建。他本人从根本上予以重建的乃是“一门绝对的并且情感的伦理学”(GW 2,157)。

由于对奠基次序的理解差异，胡塞尔与舍勒各自的人格现象学方案在这里似乎形成根本对立。①

第 4 节　胡塞尔与舍勒的人格发生现象学

1. 笔者在这里所使用的“似乎”一词已经暗示，胡塞尔与舍勒在奠基次序问题上的分歧很可能不属于真正的对立，而只是由观察角度和解释方式的差异引起的理解与解释的偏差。在实事上他们所把握到的很可能是同一个东西。或许海德格尔已经注意到了这一点，因而他在上引文字中除了确认胡塞尔与舍勒的人格阐释之间差异的同时还指出他们之间的关键性的相同之处：“尽管胡塞尔与舍勒在问

① 值得注意的是，耿宁在对儒家哲学中的阳明心学传统进行了长期研究之后似乎受到儒家思想的影响，在奠基次序的问题上开始持与舍勒新近的观点。他在 2012 年在中山大学举行的研讨会上曾说：“任何意识行为首先都是道德意识，而后才是认知意识。”在此问题上，他作为胡塞尔追随者似乎离舍勒比离胡塞尔更近。但我们在后面还要考察对这个说法的另一种可能解读。

题的提法和处理方面、在世界观的倾向上大相径庭，但他们的人格阐释在否定方面却是一致的。它们都不再提‘人格存在’本身的问题”(GA 2,47)。这里提到的“人格存在”本身，是指胡塞尔和舍勒都不再把这种第一个意义上的“人格”看作是固定的对象、不变的本体、与客体相对立的主体，而是视作历史的、整体的、流动的精神生命活动。

这一点可以从人格发生现象学的角度来展开深入的考察。发生现象学的可能性是胡塞尔在《纯粹现象学与现象学哲学的观念》第一卷(1913 年)完成后才开始系统思考的问题。① 但在 1905/06 年的《内时间意识现象学讲座》中，胡塞尔实际上已经涉及“时间问题”与“发生问题”之间的关联。在此之后，胡塞尔不再将发生研究完全视作经验事实性的研究，而是开始考虑它作为本质研究的可能性，并且在大量研究手稿的基础上最终在 1929 年的《笛卡尔式的沉思》中讨论“普全发生的形式合规律性”。②

与此相关的规律性或合规律性是指在人格发生的构成中同样可以发现特定的奠基秩序。我们可以将它称作“发生的奠基”，以区别于前一节在人格结构现象学标题下得到表明的“结构的奠基”。“结构的奠基”涉及横意向性与横向的意向指向(intendieren)，而这里在人格发生现象学标题下所要阐释的奠基关系则涉及纵意向性与纵向的动机引发(motivieren)。这两种奠基关系都意味着在更根本、更原初的奠基性的“始元”(ἀρχή)与其被奠基的构成物的不可逆奠基关系。这里所说的“始元”一词，既有“起源”(Ursprung)的含义，也有“本质”和“原

---

① 黑尔德曾指出：“写完《观念 I》之后，胡塞尔越来越清楚地看到这样一个任务，即在个别的构造理论之间建立起系统的总体联系，这个联系应当可以解释，是什么将意向意识的所有视域结合为一个世界意识”(克劳斯·黑尔德：“导言”，载于胡塞尔：《生活世界现象学》，倪梁康译，上海译文出版社，上海，2005 年，页 32)。

② 对此问题的详细说明可以参见笔者：“纵意向性：时间、发生、历史——胡塞尔对它们之间内在关联的理解”，载于：《哲学分析》，第 1 卷，第 2 期，2010 年 8 月，页 60－78。

则"(Prinzip)的含义。它们分别与意识的构造秩序有关,要么是各个静态结构方面的构造,要么是各个发生阶段的构造。[①] 我们在这里可以说,人格的结构就是在横意向性中表象、感受、情感、意愿等各种意识行为的本质组元及其内在联系的结构,而人格的发生就是在纵意向性中的这些意识行为的历史。

胡塞尔曾强调:"所有真实的统一体都是奠基关系"(Hua XIX, II/1, A 272/B1279)。这当然也对人格这个活的统一体有效。我们在此可以参考图根特哈特的"奠基"解释,"奠基并不意味着论证。它仅仅意味着,被奠基的构成物如果不回溯到奠基性的构成物上去就无法自身被给予。"[②]而在胡塞尔这里,不仅在意识行为中的意向活动与意向相关项的各种联系之间有奠基关系存在,而且在各个意识行为之间也可以把握到本质的奠基关系。他在第五、六逻辑研究中讨论的是前一种奠基关系,即集中于"纯粹描述心理学的分析",同时并不急于"去顾及那些发生的(genetisch)联系"(Hua XIX, II/1, A 375/$B_1$398)。而在《纯粹现象学与现象学哲学的观念》第一卷中则已经开始谈及"行为进行"(Aktvollzug)之前的"行为引动"(Aktregung):"好感设定或恶感设定、欲望,也包括决定等等行为,还在我们'生活于'它们'之中'前,还在我们进行本真的我思(cogito),还在自我评判地、好感地、欲求地、意愿地'行动'之前,就已经活跃起来"(Hua III/1, 263)。在这个意义上,"行为引动"在发生上要比"行为

---

① 耿宁在其《心的现象》一书中所展示的意识分析已经包含这两个方面的内容。在人格的横意向统一问题研究方面可以参见耿宁:"意识统一的两个原则:被体验状态以及诸体验的联系";在人格的纵意向统一研究方面可以参见耿宁:"特殊的过去之现实",载于:《心的现象:耿宁心性现象学研究文集》,商务印书馆,北京,2012 年,页 307 – 336、页 337 – 357。

② E. Tugendhat, *Wahrheitsbegriff bei Husserl und Heidegger*, Walter de Gruyter: Berlin 1970, S. 182.

进行"更原初。这个"原初"所涉及的是人格发生的"起源"(Ursprung)意义。如果我们在这里倡导"起源"(或"始元":ἀρχή)研究，将它视作一种至关重要的奠基关系研究，那么这里的奠基关系就不再意味着从意向活动的较高奠基层次向意向活动的较深奠基层次的回溯，亦即横意向性方面的结构性奠基关系，而是意味着从较后发生的意识行为向较先发生的意识行为的追溯，亦即纵意向性方面的发生性奠基关系。

胡塞尔本人只是在时间意识分析的讨论中使用了"纵意向性"的概念，用它来说明贯穿意识之流中，并在其流程中持续地与自己本身处在相合统一之中的意向性。"纵意向性"可以说是线性的意向性，它意味着"第一个原感觉在绝对的过渡中流动着地转变为它的滞留，这个滞留又转变为对此滞留的滞留，如此等等"，并且与点状的，即作为意识流横截面的"横意向性"一同组成"意识流的双重意向性"(Hua X，435，482)。但我们在这里可以像胡塞尔那样将"时间"理解为"所有本我论发生的普全形式"(Hua I，§ 37)。具体说来，每个意识行为，无论是表象的还是感受的，无论是表达的还是判断的，都在时间流的进程中从当下沉入到过去，并以潜意识的方式作用于新的当下意识行为。这就是胡塞尔所描述的状况："**经验**作为个人的习性是一种在生活过程中以往自然经验执态行为的沉淀(Niederschlag)。它本质上是被这样一种方式所决定的，这种方式是指：个人性(Persönlichkeit)这种特别的个体性(Individualität)是如何通过本己的经验行为而受到在动机方面之引发的；这种方式同样是指：个体本身是如何以本己的赞同和拒绝的方式而受到陌生的和传习的经验的影响的"(Hua XXV，48)。当然，不仅每个意识行为都受到过去的意识行为及其沉淀的影响，并且它同时又会以类似的方式影响着将来的经验及其积淀。我们在后面将会看到，这种作为"习性现象学”讨论课题[①]的意识经验状况与佛教唯识学中所说的“种(Bīja)熏(vāsanā)”观念是一致的。[②]

这里需要特别留意胡塞尔在人格发生问题上所做的三个方面的描述分析：

首先，在胡塞尔看来，人格是在发生中的统一。他指出：“本我(ego)并不将自己仅仅把握为流动的生活，而是把握为作为同一者体验着这个或那个、经历着这个和那个我思的自我”(Hua I,100)。在这里和后面我们可以看到，人格在胡塞尔那里与本我(ego)以及其后期的，即《笛卡尔式的沉思》中的自我(Ich)概念是基本同义的。正是在此意义上，人格可以被理解为纵意向活动的意向相关项，或者说，“是诸体验的普全的、本质的相关性的相关项”。[③] 但这个意向相关项是线性的而非点状的。即便是对当下自我的反思，也是由对彰显的当下本我(自我连同其当下体验)的感知以及对潜隐的过去本我(自我连同其过去体验)和将来本我(自我连同其未来体验)的回忆与期待所构成的。[④] 这也可以说明，为什么胡塞尔早期将自我理解为空泛而无内容的极点(Hua XIX,A 335/$B_1$357)，因为他那时对自我的理解是点状的，而他后期则将自我理解为“诸习性的基质”(Hua I,

---

① 关于胡塞尔的“习性现象学”，可以参见莫兰的研究：Dermot Moran,“Edmund Husserl’s Phenomenology of Habituality and Habitus”, in *Journal of the British Society for Phenomenology*, 42:1, 2011, pp. 53-77.

② 对此问题可以参见杨惠南：“成唯识论中时间与种熏观念的研究”，载于氏著：《佛教思想新论》，东大图书公司，台北，1998年，页271－300。

③ Shigeru Taguchi, *Das Problem des ,Ur-Ich‘ bei Edmund Husserl—Die Frage nach der selbstverständ- lichen ,Nähe‘ des Selbst*, Phaenomenologlca 178, Springer: Dordrecht 2006, S. 116.

④ 这里已经涉及意识的根本结构“共现”问题。对此笔者在“现象学意识分析中的‘共现’”(载于：《鹅湖学志》，2016年，第六期)一文的第五节“流动的共现”中有较为详细的描述分析。

100)，因为这时他对自我的理解是线性的。

其次，这里的线性奠基关系在胡塞尔看来与点状的奠基关系一样，都是有规律可寻的，因为“由于自我作为恒久的自我特性之同一基质的自我从本己的主动发生中构造起自身，它在进一步的进展中也将自己构造成**稳固的**、**恒久的**人格自我”(Hua I,101)，而且“借助于一种‘超越论发生’的合规律性，自我会随着它所发出的每一个新的对象意义的行为而获得一个新的恒久特性”(Hua I,100)。人格因此而获得某种可把握的习性意义和个性意义，亦即具有一种“超越论发生的合规律性”，它也被胡塞尔称作“动机引发的规律性”，它是“精神生活的基本规律性”(Hua IV,211)，亦即人格发生的基本规律性。

最后，这种规律性与时间性有内在的关联。人格发生的规律性是纵意向性的规律性，亦即时间性的规律性。意识流的抽象时间形式与意识行为的具体发生内容在这里的融合为一，并以一种线性的奠基的方式规定着在其中形成并贯穿于其中的线性人格自我。对于胡塞尔来说，“无论在我的自我中以及本质上在一个本我一般中出现什么——在意向体验方面、在被构造的统一方面、在自我的习性方面——，它都具有其时间性，并且在这方面参与了普全时间性的形式系统，每个可想象的本我都自为地借助于这个系统而构造起自身”(Hua I,108)。人格发生的纵意向奠基关系在这里获得时间性的维度。

这个意义上的“人格”不仅以彰显的方式生活在当下点上，而且以潜隐的方式同时地生活在纵贯的生命线中。如果我们在这里仍然坚持使用“人格存在本身”的概念，那么这里的“存在”所表明的更多是一个动词而非名词，因此我们也可以理解舍勒所说的“人格生成”

(Personwerden)。[1] 它在人格的第一意义上意味着精神生活,不仅是"我的自我"的精神生活,本质上也是"本我一般"的精神生活。

关于这两者之间的内在关联将是我们后面第二部分讨论的问题,即单个的人格与其它人格的关系问题。在这个部分中我们能够确定的是,胡塞尔通过对人格的发生现象学的探讨,勾勒了一条在普遍时间形式中从作为"诸习性基质"(Hua I,100)的"人格自我"的精神生活到"作为人格生成的精神世界的文化"(Hua III/2,597)的发生构造步骤。这也可以通过泽伯姆对胡塞尔《观念 II》的解读所确定的在人格发生构造过程中的两个基本步骤而得到验证:首先是人格的心灵世界的发生构造,即"人格在其中以内省的方式发现自己,并且在同感中以表征的方式发现其它(诸)人格的那个世界";其次是"更高阶次的共同体世界、精神世界,也包括其它的共同体"的发生构造,它们"在不同层次上具有不同的共同精神,一个民族的精神、一个文化的精神、一个宗教的精神,等等"。[2] 这里所揭示的发生构造的步骤也就是本文开始时所引胡塞尔致普凡德尔信中所说的从"人格现象学"到"更高级次的人格性现象学"的进程,即从人格自我的意识体验现象学进入到人类精神生活和文化世界现象学的进程。

胡塞尔本人在《哲学作为严格的科学》中曾将这些发生构造的成就理解为世界观的培育和构造的能力,并且写道:"无须再进一步阐述,在这个特定的、尽管包含着杂多类型和价值等级的意义上的智慧

---

① 就舍勒的"人格生成"的概念需要说明:从总体上看,舍勒的人格讨论主要集中在其生成和发生的维度,人格的共时统一或静态统一问题并不构成他的思考核心内容。而胡塞尔在其前、后期对人格的横、纵意向性则分别做出各有偏重的思考,因此可以各有偏重地思考意识(或人格)的共时统一或同时统一以及意识(或人格)的历时统一或演替统一问题。——关于舍勒的人格生成问题,可以参见张任之:《质料先天与人格生成——对舍勒现象学的质料价值伦理学的重构》,同上,页 350 及以后各页。

② T. M. Seebohm, "Husserl on the Human Sciences in *Ideen* II", a. a. O., S. 134.

或世界观不仅仅是单个的个性(Persönlichkeit)的成就,这种单个的个性本来就是一种抽象;这种智慧或世界观属于文化的共同体和时代,而就它所具有这些鲜明形式而论,如果我们不仅仅是谈论一个特定个体的教化和世界观,而且是谈论这个时代的教化和世界观,那将会具有好的意义。这尤其适用于现在将要探讨的这些形式"(Hua XXV,49。)因此,对于胡塞尔来说,哲学本身不是世界观,但以世界观为探讨的对象,在此意义上,现象学是一种新的"世界观哲学,它在巨大的体系中为生活和世界的谜提供相对而言最完善的回答,即以最佳可能的方式来解决并令人满意地澄清那些不确定性,那些只能为经验、智慧、单纯的世界和生活观所不完善地加以克服的生活之理论、价值、实践的不确定性"(Hua XXV,50)。

从普全的时间形式,到交互人格的精神生活,再到由各种传统和习性构成的共同体的历史:文化传统的历史、民族精神的历史、宗教信仰的历史等等,——这是一条贯穿在胡塞尔中、后期哲学思考中的红线,指示着他从时间现象学到发生现象学再到历史现象学的思想脉络。这是一条完全不同于结构性奠基的发生性奠基的思想脉络。[①]

在这里,奠基性的东西不再是客体化行为的进行,而是非客体化的行为引动。

2.这个思想脉络同样可以在佛教唯识学的意识分析中找到对应的命题:正如唯识学在横意向性的方向上有四分说和心王、心所说一

① 如果了解胡塞尔从早期时间分析,到中期的发生结构描述,再到后期的历史哲学思考的总体进程,舍勒就会修改他在1921年所做的"胡塞尔是非历史的"(GW 7,330)的论断。当然,海德格尔也会收回他对胡塞尔人格研究的"再度回返……最终以笛卡尔为指南的"批评(GA 20,166)。

样，它在纵意向性的方向上还区分意识发生的三种能变（trividha-vijñāna-parinama）：作为初能变的阿赖耶、作为二能变的末那和作为三能变的前六识。在这三种能变之间存在着发生方面的不可逆的奠基关系。尽管玄奘的《成唯识论》中提到这三种能变各有四分，但依照唯识学经典的描述分析，除了三能变明显与现象学所说的客体化行为相对应之外，前两种能变更应当被视为非客体化的行为。也就是说，它们甚至不能称作通常意义上的“识”（Vijnana）。[①] 因为，首先，阿赖耶的特征按《解深密经》的说法是“微细极微细，甚深极甚深，难通达极难通达”，[②]按《成唯识论》的说法也是“极微细故，难可了知”，[③]类似于心理学所说的“无意识”、“下意识”或“潜意识”，抑或是胡塞尔所说的“前自我”（Vor-Ich），很难将它视为客体化行为。其次，末那识的特征被刻画为“由有末那，恒起我执”，[④]“四烦恼常俱，谓我痴、我见，并我慢、我爱，及余触等俱”，[⑤]类似于非对象性的、前反思的自我意识，它在前六识形成后通过反思才成为对象性的自我意识，具有类似胡塞尔所说的“原自我”（Ur-Ich）的功能，[⑥]因而显然

---

① 《解深密经》，胜义谛相品第二。

② 佛教文献中常有“阿赖耶识”（ālaya-vijñāna）和“末那识”（manas-vijñāna）的说法。但严格说来，阿赖耶是“心”，末那是意，只有前六识才是“识”。

③ 玄奘：《成唯识论》，卷二。

④ 玄奘：《成唯识论》，卷四。

⑤ 世亲：《唯识三十颂》，第六颂。

⑥ “前自我”在胡塞尔那里被视作“最终的发生起源”（letzter Ursprung der Genesis），对立于作为“最终的效用起源”（letzter Ursprung der Geltung）的“原自我”。对此问题的讨论参见：Nam-In Lee，*Edmund Husserls Phänomenologie der Instinkte*，Phaenomenologlca 128，Kluwer Academic Publishers：Dordrecht 1993 S. 214 ff. 更为详细的论述还可以参见：Shigeru Taguchi，*Das Problem des ‚Ur-Ich‘ bei Edmund Husserl*，a. a. O.，S. 116 ff. 即是说，前者是纵意向性奠基关系中的最终奠基者，后者是横意向性奠基关系中的最终奠基者。因此，在“前自我”与“原自我”之间并不存在类似“阿赖耶识”和“末那识”之间的发生先后的奠基关系。但“原自我”与“末那识”之间仍有相似性，这是我们日后要深入讨论的课题。

也难以归入客体化行为的一类。

此外，这里还应注意胡塞尔在1934年6月的一份手稿中对“意向性的两个层次”区分：其一是“无自我的趋向、无自我的本欲”，其二是“自我的欲求的－追求的生活连同行为生活、连同以所有意志样式愿欲着的自我的生活”（Hua XXXIV，470）。这两个层次可以用来刻画末那产生之前的非客体化、无自我或原自我－无自我的意识发生阶段，以及末那产生之后的客体化的、有自我的意识阶段。

据此可以说，非客体化的阿赖耶识和末那识的意识活动是客体化的前六识的发生基础。这也意味着，在潜隐的种子和显露的现行之间，即阿赖耶（或曰种子）与它的显现（或曰现行）之间，存在着发生上的奠基关系。在唯识学传统中，它们分别代表在种子中的二种“种性”（gotra），即在种子中含藏的两种性质：“云何种性？谓略有二种：一、本性住种性；二、习所成种性。”[①]唯识宗将它们也简称作“性种性”（prakṛtistha-gotra）和“习种性”（samudānita-gotra），按现代西方哲学和心理学的说法则可以进一步简称为“本性”（Natur，nature）和“习性”（habitus，nurture）。前者是指在种子中未经熏习本有之性，后者是在其中通过熏习[②]所得之性。它们并非是在种子中的两种并行的种性，而是指在同一种性中本有的部分和习得的部分。本有之性是先天的、不习而得的，习得之性是后天的，通过熏习获得的。这里的奠基顺序既是逻辑上的，也是时间上的。

唯识学也确定这个奠基关系的不可逆，因为“一切种子，皆本性

① 弥勒：《瑜伽师地论》，卷三十五。

② 佛教的“熏习”概念基本上可以理解为胡塞尔所说的通过“原初的意义构成”而完成的“意义积淀”（Hua VI，380f.）的意识活动成就。它是胡塞尔理解的最基本的“历史”，也是这里的“习性”发生与传承的过程。

有，不从熏生，由熏习力，但可增长。”[①]即是说，种子是熏习的可能性条件，但反之则不然。不过，熏习虽然不能产生种子，却可以使种子“由熏增长”，[②]并使得本来在种子中潜藏的内识发展成客体化的行为，即产生出主客体（我法）的分别。按唯识宗的说法：“我法分别，熏习力故。诸识生时，变似我法。此我法相，虽在内识，而由分别，似外境现。”[③]这意味着，先有非客体化的本性，而后通过细微的现行活动的熏习，产生出我－法分别的客体化行为，再通过这些认知和情感、意愿方面的客体化行为的现行活动，导致习性的形成，习性暂时或持久地附着于本性之上，并以此方式影响着本性。对于“种子生现行，现行熏种子”过程的思考，唯识学与胡塞尔在缘起－发生现象学方面的思考是基本一致的，只是在术语上有所不同：唯识学所说的“能变”或“生起”，在胡塞尔这里叫作“发生”；而胡塞尔更多会用“积淀”或“习性化”来表达唯识学借助“熏习”来说明的东西。

据此可以说，无论在佛教唯识学中，还是在胡塞尔的现象学中，发生问题都是人格研究（在唯识学那里是心、意、识研究）的一个重要组成部分，而且它们都确立一个从非客体化行为到客体化行为的发生奠基次序。[④]

---

① 玄奘：《成唯识论》，卷二。

② 玄奘：《成唯识论》，卷二。

③ 玄奘：《成唯识论》，卷二。

④ 事实上，黑尔德用来阐释胡塞尔发生现象学的一段清楚、扼要的话，在经过必要修正之后完全也适用于唯识学的阿赖耶缘起理论：“人类文化的所有对象都曾是通过原创立（Urstiftung）所具有的那种构成对象的成就而构造起自身的。随着每一次的原创立，意识便从此而赢得了一种一再地向新的对象回溯的权能性（Vermöglichkeit）；这就意味着，对相关对象的经验逐渐成为习惯。这种‘习性化’（Habitualisierung），或者也可以说，这种‘积淀’（Sedimentierung）是一个被动的过程，即不是一个由我作为实行者而启动的过程。原创立的创造行为在这里通常会被遗忘。这种习惯逐渐成为一种亲熟性，即非课题地亲熟了这种对有关对象的经验的权能性。但这就意味着：通过对原创立的被动习性化，一个视域被构造起来，意识便持续地生活在这个视域中，它并不需要在原创立的主动性中一再

3.这种发生奠基的维度在舍勒这里也可以找到，尽管它在术语上并未得到清楚的标明，而且舍勒对“发生”的理解在许多方面并不与胡塞尔的和唯识学的发生理解相一致。

在其早期著述中，无论是在早期发表的《超越论方法和心理学方法》中，还是已经写成并付印，但最终被舍勒抽回而最终未发表的《逻辑学》中，舍勒在阐述和批评心理学方法时都将实际的情感和认识活动的产生与积累更多理解为心理学意义上的“发生”，即经验性的和时间性的发生，并将这个意义上的发生研究的方法视作“发生的因果说明”。在此意义上，他或者批评传统的和当代的哲学考察都囿于包括“发生的因果说明”在内的许多狭隘的工作任务：“所有的哲学考察，即使它们自称为认识论、逻辑学、美学、形而上学，都会将自己的任务仅仅视作对特定的意识事实系列的确立、描述、分类以及对它们的发生做因果说明。若有人想要求哲学超出这些任务，那么最终的结果总是臆想一场”(GW I,308)。或者他也将“发生描述”划归给心理学研究：“确定目的设定的正确性，这是伦理学的事情而非逻辑学的事情。研究对象设定的正确性，这是逻辑学的事情而非伦理学的事情。研究作为心灵生活具体事实的思维活动和意愿活动，即描述目的表象及其发生以及心理再造进程，这是心理学的事情”(GW XIV,31)。带着这种对发生研究的理解，舍勒在其代表作《形式主义》书中明确否认这种通常意义上的因果发生的奠基：“显而易见，认识‘起源’的问题也完全独立于那些通过在客观时间中的实在主体而对特定的事物现实之认识的所有发生(Genese)。‘奠基’仅只存在

地重新进行这个视域的原初形成。带着这个思想，构造理论获得了一个全新的维度。逐渐成为它的基本课题的是视域意识在其中得以形成和丰富的内部历史，它的‘发生’(Genesis)。”(黑尔德：“导言”，载于：《生活世界现象学》，倪梁康译，上海译文出版社，上海，2014年，页33)

于行为构造的秩序（Ordnung）之中，而不存在于行为的时间实在顺序（Abfolge）中”（GW II，91）。

但是，舍勒仍然会在积极的意义上谈及“发生”，例如他曾指出在有价值的事物与纯粹事物和纯粹善业之间存在的被给予性顺序：“从发生（Genese）的起源性的立场来看，我们觉得情况毋宁说是这样的：在自然世界观中，实在对象‘首先’既非作为纯粹事物，也非作为纯粹善业而被给予，而是作为‘实事’（Sache），即作为就其是有价值的而言的（并且本质上是有用的）事物。但从这个中间点——可以说——出发，对纯粹事物与纯粹善业的综和（在持续地忽略一切事物本性的情况下）而后便得以开始”（GW II，44）。这里所说的“起源性的发生”，很可能还是被舍勒理解为某种属于“构造的秩序”方面的奠基，即在被给予之物之间的结构奠基或有效性奠基。但在这里的确可以使用“发生奠基”的标示，因为这种发生奠基显然不是指经验性的、时间性的、历史性的发生顺序，而是舍勒所说的“独立于所有经验发生的”（GW 2，143）起源奠基，或者说，在“观念的形态发生（Morphgenese）”（GW XII，240）方面的奠基。

因此，在舍勒这里的确可以发现一种不同于经验的、时间的发生以及相关心理学的发生研究的本质发生，它是“人类精神的所有主观起作用的先天结构的真实的和真正的发生”（GW VIII，27）。这种发生的奠基次序不仅表现所谓实在对象先于纯粹事物和纯粹善业的被给予性方面，也表现在例如“一切价值，包括一切可能的实事价值，此外还有一切非人格的共同体和组织的价值，都隶属于人格价值”（GW II，14）这个人格主义原理上。而且，由于各种价值始终处在与价值感受的相互关系和相互作用中，因而发生奠基的法则既对各种作为意向相关项的价值之间的关系有效，也对各种作为意向活动的价值感受活动之间的关系有效,价值与价值感受在这里共同构成上述“人类精神的先天结构”的两个部分。[①]

舍勒强调这个精神结构不是单数,而是复数。单数的精神结构意味着一批“始终仅仅与一个精神结构和一个在时间和地点上受到限定的文化单位相应的作品之累积”(GW VIII,27),它“被理解为设定绝对时间形态的动态生命过程的暂时凝结的构成物”(GW XI,240),并且在此意义上是固持的(konstant)、僵化的(erstarrte);而复数的精神结构意味着各种人类精神能力的发展和转变,因而它们是真正流动的、发生的结构,倘若“结构”这个表达在这里仍然合适的话。它实际上就是舍勒所强调的动态的精神生命过程,它作为“河流”(Strom)与“暂时凝结的构成物”或“始终被一个过去存在和一个将来存在所围绕流动的”意识瞬间的“横切面”(Querschnitt)形成对照(GW II,423)。在此意义上,舍勒谈及对精神生活的“静态的”和“动态的”定义,以及在比较社会学研究或文化社会学研究中的“静态的”和“动态的”理解,以及如此等等。这两个描述词在舍勒那里基本等同于我们这里所说的“结构的”和“发生的”(参见:GW VI,14;GW VII,94;GW VIII,23)。

我们现在可以对前面曾引述过的舍勒对行为之间奠基关系的理解做一重审:“对于认识的所有历史进步而言都有效的是,这个认识的进步所把握的对象在被理智认识、分析和评判之前,首先必须被爱或恨。‘爱者’处处都先行于‘知者’”(GW V,81)。此时我们应当可以发现:舍勒这里所强调的“首先”和“先行”实际上是对在动态或发

① 这里可以留意舍勒对“先天-后天”与“天生”和“习得”这两对概念的区分,后者“是因果发生的概念,因而在事关明察之种类的地方没有它们的位置”(GW II,96)。

生意义上的奠基关系的描述。[①]

至此已经可以看出，胡塞尔与舍勒各自对意识行为或精神活动（Tätigkeiten）中两种奠基关系的理解具有重大的一致性：他们都看到了结构的和发生的（或静态的和动态的）奠基的两种可能性，也承认后者相对于前者所具有的更为整全和更为重要的意义。这与佛教传统强调缘起胜于强调实相的做法相一致。胡塞尔与舍勒在此问题上的根本不同在于，前者将“普全发生的形式合规律性”看作意识发生的“纵意向性”，后者则将这种发生的奠基纳入以人格生成方式进行的精神生命活动之“心的生成秩序”或“心的发生逻辑”来考察。

在舍勒的人格主义理论中，这两种奠基关系（静态的和动态的）以人格存在和人格生成的方式表现出来：“生命是一个发生、一个过程。它只能以作用的－动态的方式被定义。任何静态的定义对它来说都是不充分的，而且从任何带有空间中的固定形式的构造物出发，它都是无法把握的。生命是一种只能从生成出发才能把握的存在”（GW XI，161－162）。在这里，静态的生命存在与动态的生命生成之间的关系也就是舍勒在前引文字中所提到的作为意识瞬间的“横切面”（Querschnitt）与作为意识整体的“河流”（Strom）之间的关系（GW II，423）。这里应当留意这个“横切面”的说法。无独有偶，胡塞尔也曾在完全相同的意义上谈及意识分析中的“横切面”以及它与“整体”的关系：“出于本质理由而是一的东西，人们就无法将其撕扯开来。特殊的认识论问题和理性理论问题一般与理性这个首先是经验的权能标题相符合（只要它们产生于其超越论的纯化之中），它们只是意识与自我问题一般的横切面，而一个横切面只有在其整体得

---

① 还有一个更直接的例子，舍勒在“爱与认识”（1916 年）中曾批评历史上对“爱与认识”的一个异教错觉，即：“在动态方面，爱不是先行于认识，而是追随着认识”（GW VI 83）。他在此无疑是在“发生”的意义上使用“动态”一词。

到研究时才可能完整地被理解”(Hua XXV,198)。显然,舍勒用“[精神]生命是一种只能从生成出发才能把握的存在”与胡塞尔用“[意识]横切面只有在其整体得到研究时才可能完整地被理解”的相同说法所表达的是他们在人格研究中的相同明见或相同信念。

4.最后还需要指出一点:从我们目前所处的这个视角来看,舍勒与胡塞尔在世界观与哲学关系问题上的争论也会表明自己只是语词之争。舍勒曾于1917年撰文讨论“哲学的本质和哲学认识活动的道德条件”(GW V,61-100)。该文通常也被看作是对胡塞尔1910年“哲学作为严格的科学”的反驳或不同立场的宣示。胡塞尔在这篇文章中批评将哲学视作世界观(智慧)而非科学(知识)的观点,他实际上是站在柏拉图的立场上坚持哲学是认识(ἐπιστήμη)而非意见(δόξα),并因此而将所有坚持哲学是世界观的哲学立场贬称之为“世界观哲学”。[①] 舍勒在上述文章中说明:“不仅在哲学和科学这两个词上,胡塞尔和我的语言使用(Sprachgebrauch)分道扬镳,而且在世界观和世界观哲学这两个词上,我们还更为鲜明地各行其道”(GW V,76)。舍勒在这里一方面赞成胡塞尔的观点,认为“哲学永远不可能是世界观,至多只能是世界观学说”,但他另一方面也批评胡塞尔用“世界观学说”这个好名字来标示所谓的“科学的哲学”,后者只是一些想当哲学家的专门科学家所臆想出来的怪物(GW V,77)。事实上,这个观点在他更早发表在胡塞尔主编的《哲学与现象学研究年刊》上的《形式主义》中已经得到更为明确的表露。他在那

① 参见:“哲学作为严格的科学”,载于胡塞尔:《文章与讲演(1911-1921年)》,倪梁康译,人民出版社,北京,2009年,页3-67。胡塞尔的文章发表后,狄尔泰、西美尔、李凯尔特都以不同方式表达了对胡塞尔的世界观哲学批评的不同看法。参见同上书,“编者引论”,页3。

里首先指出在他与胡塞尔之间的共同点:"我们并不是在当下大都使用的意义上来使用'世界观'这个词:通过一门科学的某个最终概念,即通过产生出所有那些今天被称作一元论、唯能论、泛灵论等等的东西,来仓促地结束本质上无限的科学过程。在这个意义上,E.胡塞尔合理地拒绝所有的所谓'世界观哲学'。"但他随即便强调:"我是在W.封·洪堡和W.狄尔泰的意义上使用这个词(如果我理解正确的话),即:它标识出一个实际主宰着或是整个文化圈、或是一个人格的选择与划分的方式,在这种方式中,世界观已经在自身中实际接受了物理事物、心理事物、观念事物的纯内涵(无论它是否以及在何种程度上反思地知道这一点)。然而在这个意义上,'科学'的每一个历史阶段也始终已经受到世界观和伦常习俗(Ethos)的限定,并且是在科学的目标和方法中受到限定,并且从科学的方面永远不能够改变世界观"(GW II,306)。[①]

舍勒在这里所表达的对胡塞尔观点的双重(肯定的和否定的)态度涉及一个根本问题:如果哲学是科学,那么这种科学本身是世界观,还是独立于世界观之外?胡塞尔认为哲学独立于世界观之外,它以各种世界观的构成为自己思考和分析的对象,但本身不是世界观。这个观点也与胡塞尔早期对自然观点进行悬搁的要求以及后期以生活世界为课题的理论要求相一致。而舍勒则主张科学本身是一种世界观:自然科学是自然的世界观,哲学则是道德的世界观。因此,道德态度是哲学认识的必要前提,并且在本质上支配着(disponieren)哲学的认识(GW V,78、89)。

---

① 舍勒在这段话的最后结论中仅仅承认世界观对"科学"所具有的发生奠基作用,而不承认"科学"对世界观的任何改变的可能,这实际上已经将他所指的"科学"与世界观分离开来。事实上,如果坚持科学是世界观,那么科学对世界观的改变就显然是可能,而且是在世界观内部发生的变化。

这里的分歧的确如舍勒所说与二人在“语言使用”方面的差异有关，但它们更多还是在精神生活研究中因对两种不同视角的强调而形成的区别：动态的精神生活过程与静态的精神生活结构。只要胡塞尔与舍勒都将历史上的各种哲学流派和哲学看作是一种特殊的精神生活方式，那么哲学就与世界观一样属于精神生活，并且自身发生地、动态地奠基于各类情感、道德、习俗之中。但只要胡塞尔与舍勒都认为，可以通过现象学的反思和明察而在这个精神生活中把握到各种精神生活（表象、情感、意愿、态度、立场、信仰等）及其构造物（事物、价值、他人、社会、世界、观念、习俗、信念等）的基本类型与基本构成，以及把握到它们之间的静态奠基关系，那么哲学就不是世界观，而是一种对包括世界观在内的精神生活一般进行描述和分析的学说，并在二阶的意义上脱出了一阶的精神生活。

胡塞尔和舍勒都会赞同这个定义：哲学或现象学是一种起源于精神生活之中的对精神生活的本质自身认识。

第5节　结构的形而上学与发生的形而上学

如果我们在此回到笔者在前节开始时提出的假设上来，即胡塞尔与舍勒在奠基次序问题上的貌似分歧很可能并不属于真正的对立，而只是由观察角度和解释方式的差异引起的理解与解释的偏差，那么这个当初的假设现在基本上可以被视为一个事实认定了。应当说，胡塞尔与舍勒都已经注意到了这两种不同的奠基类型。虽然他们在各自的意识分析中指明和处理了不同的奠基类型，但他们在总体上都没有完全偏执于一端，也没有试图用一端去取代另一端。他们二人实际上都站在一个现代哲学发展的交会点上：结构的现象学与发生的现象学的交会点，或者展开来说，逻辑哲学与历史哲学的交会点。这同时也意味着欧洲哲学中笛卡尔－康德动机与维柯－黑格尔动机的交会点。当然，他们之所以能够到达这个交会点，一个极为重要的原因是狄尔泰、纳托尔普等人的历史哲学和发生思想的引领。

而胡塞尔和舍勒关于静态与动态、结构与发生方面的奠基思想也已经发挥自己的影响。处在二人共同影响下的 A.舒茨很早（1931年）便将这些思考转用于社会学研究的领域，并提出在社会学研究中带有本质特征的一项主要任务就在于，“在静态的和动态的分析中意向地阐释那些全都奠基在已完成的他我（alter ego）构造之中的较高层次的社会行为和社会构成物的杂多形式，并且因此而指明实证的社会科学的先天结构。”[①]

这两种奠基关系或两种现象学的思考后来在海德格尔那里通过“第一开端”和“另一开端”（GA 65，205）、“形而上学”和“存在历史的思考”（GA 65，1）等表述而得到阐释和界定。笔者也将它们称作“第一形而上学”（或曰“结构的形而上学”）与“另一形而上学”（或曰“发生的形而上学”）。但在海德格尔这里已经可以发现用发生的奠基取代结构的奠基、从而也用发生的形而上学取代结构的形而上学的趋向。海德格尔已经不再处于胡塞尔和舍勒曾在交会点上，而是踏上了两条道路中的一条。但我们只能在其它地方展开讨论这个问题。[②]

在讨论了胡塞尔与舍勒在人格研究方面隐含的共同视角之后，这里有必要指出他们在此研究领域的各自不同的着眼点：舍勒讨论

---

① A. Schütz, *Alfred Schütz Werkausgabe*, Bd. III, *Philosophisch-phänomenologische Schriften 1*, *Zur Kritik der Phänomenologie Edmund Husserls*, UVK Verlagsgesellschaft mbH: Konstanz *2009*, S. *76*.

② 对此可以参见笔者在“海德格尔思想中的黑格尔－狄尔泰动机”（载于：《学术月刊》，2014 年，第一期）以及“论海德格尔中期哲学的本体论与方法论——关于《哲学论稿》核心概念的中译及其思考”（载于：《南京大学学报》，2014 年，第三期）二文中的相关论述。

的问题，恰恰是胡塞尔不讨论的问题：人和神，或者说，人格与“一切人格的人格”(GW VII,86)，又或者说，人与在他之中的永恒之物。[①]前者在舍勒那里表现为哲学人类学，后者在他那里表现为人格主义的神学。而如果这两者成为哲学研究的首要课题，那么它们就会被胡塞尔称之为人类主义和形而上学。在胡塞尔这里，它们也会成为现象学哲学的对象，但不是首要的纯粹现象学课题。

多瑞恩·凯恩斯曾记录过他与晚年胡塞尔的一次交谈(1931年8月22日)，在其中胡塞尔谈到舍勒，并形象地描述了舍勒的哲学思考与自己的哲学思考的区别：“本体论证明的现象学方式是从绝对的构造性意识中得出的结论。……所有这些问题都要等到最后才能得到解决；但它们是如此引人入胜，以至于人们会试图一跃而起地(in Aufschwung,soarting)进入到形而上学之中——这是舍勒在刻画形而上学特征时使用的表达。然而在展翅飞翔之前我们要先练习爬行；只有在地上下足了苦功的人才能最终御风而行。”[②]由此可见，胡塞尔自己也认为他与舍勒的分歧仅在于如何循序渐进地展开工作。这里的进步次序固然很重要，因为它关系实事本身的奠基次序。但这个进步所朝向的共同目的地似乎已经被胡塞尔所默认。因此，我们也可以大致领会胡塞尔在同一谈话中所说：“超越论构造的问题与

---

① 舍勒的人格研究的目光主要落在“人格”与“位格”的关系问题上。这两者在帕斯卡尔和舍勒这里都以“寻神者”的方式合而为一。海德格尔将舍勒的人格主义称之为“神形论”(Theomorphismus)(参见：海德格尔：GA 20，页181)；亨克曼则将它标示为“覆盖了(überformt)天主教的现象学哲学”(W. Henckmann, *Max Scheler*, a.a.O., S.29)。

② 凯恩斯：《与胡塞尔和芬克的交谈》，《现象学丛书》，第66卷，马尔梯努斯·奈伊霍夫出版社：海牙，1976年，页23(中译文参考了余洋的译本初稿)。——这里所说的舍勒的“跃起”(Aufschwung)，应当与我们这里多次引用过的舍勒长文“论哲学的本质与哲学认识的道德条件”中第三节“道德跃起的分析”讨论的内容有关。舍勒在这里分两部分讨论了“A.跃起行为作为‘完整的人’的人格行为”以及“B.跃起的出发点和要素”。(GW 5, 83-92)或许这里还有必要指出，舍勒在此使用的“跃起”概念，类似于海德格尔使用的“绽出”(Ex-statik)或“超越”(Transzendenz)(GA 15,384；GA 24,230)。

上帝如何创造了一个绝对世界并如何继续其创造的问题别无二致，这也是超越论的交互主体性创造世界的问题。”①前引文中所谓“下足苦功”，大概就是指在超越论的交互主体性领域内的苦心孤诣与殚精竭虑。这是我们在下一章中所要面对的论题，它已经隐含在人格概念的语义之中。

① 凯恩斯：《与胡塞尔和芬克的交谈》，同上书，页22。

第三章
交互人格经验的直接性与间接性问题

在完成对胡塞尔与舍勒的“人格现象学理论”第一个向度的论述之后，我们在这里转而关注它的第二向度，即转向隐含在“Person”一词中的第二个基本含义：个人及其个性。[1] 由于在“Person”的前一个基本含义中，即在精神人格的含义中隐含了某种意义的普遍性，因而个人与他人或交互人格的问题只是在涉及“Person”第二个基本含义时才比较明显地表现出来。这个问题在胡塞尔的人格现象学中表现为他人同感、陌生经验、交互主体性等等，而在舍勒的人格现象学中则以互感、同情、感染、同一感的问题思考方式出现。因此，在“Person”的这个含义方面可以、而在前一个含义方面则无法谈论“个体性”（Individualität）或“交互人格”（Interpersonalität）的问题。

尽管胡塞尔更多被视为偏于认识论、形式逻辑、自然哲学、实在本体论等方面的哲学家，但这个看法随着他的遗稿的越来越多的出版已经越来越多地被证明为是错误的。他的毕生哲学思考更多指向伦理学、精神哲学、超越论逻辑、人格理论、交互主体性理论等。[2] 我

---

① 法学意义上的“法人”概念便是基于人格的这个含义。

② 耿宁在为2001年出版的《自然与精神》（《胡塞尔全集》第三十二卷）所撰书评中曾概括地写道：“《胡塞尔全集》中的遗稿出版得越多，就越清楚地表明，胡塞尔哲学的主要问题与其说是为科学进行绝然性论证的问题（‘笛卡尔的动机’），远不如说是与自然科学相对的意识、主体性、人格、精神的科学和哲学的独立性问题。”（耿宁：“胡塞尔论‘自然与精神’”，方向红译，载于：耿宁：《心的现象》，商务印书馆，北京，2012年，页405）

们这里要讨论的便是胡塞尔在他人经验或交互主体性问题方面的思考，它始于1905年，最初被冠以“同感”的标题；此后这个问题一直贯穿在胡塞尔现象学思考的始终，直至他去世。关于这个问题的总体介绍，可以参考胡塞尔《交互主体性现象学》遗稿三卷本编者耿宁的为此三卷本撰写的三篇“编者引论”①以及笔者的文章“胡塞尔的交互主体性现象学”。② 对此笔者这里不再赘述，而只是引用胡塞尔在1930年11月16日致米施（G. Misch）的信中的一段话来说明这个问题在胡塞尔的哲学思考中的重要位置：“[《逻辑研究》出版之后]接下来（在出版《观念》时就已经走到了这一步！），我只想对一门超越论的主体性学说，而且是交互主体性的学说进行系统的论证，而原先对形式逻辑和所有实在本体论所抱有的兴趣，现在都已荡然无存”（书信VI，282）。

第6节 交互主体性现象学思考的出发点：自身直观

关于交互主体性的问题，尽管王阳明作为伦理主张和要求提出“天地万物，本吾一体者也，生民之困苦荼毒，孰非疾痛之切于吾身者乎”，③尽管歌德曾充满文学渲染地吟唱“无物在里面，无物在外面：

---

① 胡塞尔：《胡塞尔全集》，第十三、十四、十五卷，《交互主体性现象学》，第一、二、三卷，耿宁（编），海牙：马尔梯努斯·奈伊霍夫出版社，1973年。

② 倪梁康：“胡塞尔的交互主体性现象学”，载于：《中山大学学报》，2014年，第三期。

③ 王阳明：《王阳明全集》，卷上，上海古籍出版社，上海，1992年，页79。耿宁在其“贵阳会议后记”中批评性地引用了王阳明的这段话。（耿宁：“贵阳会议后记”，载于：《广西大学学报》，即将发表。）

因为在里面就是在外面”,[1]在社会本体论和社会认识论的视角中,情况仍然会如耿宁所说,“我们不得不从我们的经验出发,即从交互主体性出发,从不同主体的多数及其实际关系出发。我不是某个他人。他的自我不是我的自我,他的疼痛不是我的疼痛,他的感受不是我的感受,他的经验不是我的经验,他的思想不是我的思想,反之亦然。当我转向他人时,他人是作为你而与我面对面。如果我与他有问题,我必须找到一个适合他和我的解决办法。如果我爱一个人,我爱的是他而不是我,我拥抱的是他而不是我。”[2]即是说,“内”和“外”在这里是一个不容置疑的社会本体论和社会认识论的事实:我的心灵生活是内在于我的,他的心灵生活是外在于我的,无论我和他在伦理学上是否应当与他和我分享或分担各自的心灵生活。

这也是胡塞尔在交互主体性问题思考中的社会本体论和社会认识论的基本出发点。他从这里出发来思考对他人的理解和与他人的同感是如何可能以及在何种程度上可能的问题。而作为超越论的现象学家,他比其他人都更有理由首先诉诸于内在的自身直观,因为“一切真正的现象学诠释都必须在原初的自身观视(Selbsterschauung)中得到展示”(Hua XIV,335)。在这个意义上,他会批评王阳明的万物一体以及歌德的不分内外的主张,同样也会批评舍勒,并将其同感理论看作是“一门真正的现象学理论的对立面”(Hua XIV,335)。

---

① 歌德:“副词”(Eppirhema)。后面我们将会讨论的施洛斯贝格的著作《他人经验》将歌德的这句诗列在其正文之前(M. Schloßberger, *Die Erfahrung des Anderen. Gefühle im menschlichen Miteinander*, Akademie Verlag: Berlin 2005, S. 9)。

② 耿宁:“《王阳明及其后学论‘致良知’》贵阳会议之结语”,载于:《广西大学学报》,2015年,第2期,页23。

但从这个出发点的起步是否会难以避免唯我论的指责，正如胡塞尔自己也曾一再担心的那样？对此，笔者不仅抱有与厄尔(Gerhard Ehrl)相同的疑问："唯我论与交互主体性真的处在一个反思层面上，以至于前者可以消融在后者中吗？"[①]而且笔者还深信，唯我论的指责在意识现象学的语境中并不是一个值得大费周折去应对的问题。自古以来便同样主张"万法唯识"和"唯识无境"的佛教唯识学实际上从未费心去提出和回答类似的问题。[②] 也许唯识家们像狄尔泰或施泰因一样看到：纯粹自我既不是个体自我，也不构成个体自我的对立面，而是处在与个体自我和交互主体截然不同的层面上。

除此之外，笔者还认为，这个指责预设了社会认识论和社会本体论的实然确证与社会伦理学的应然要求的同一性。

舍勒似乎比胡塞尔更清楚地看到了这一点。他并未花费力气去应对唯我论问题，而只是简单地说："通过一种明见的超越意识，唯我

---

① Gerhard Ehrl, „Solipsismusproblem und Intersubjektivitätsfrage in Husserls Vorlesungen von 1910/11 und 1923/24", in: Sabine S. Gehlhaar (Hrsg.), *Prima philosophia*, Traude Junghans Verlag Cuxhaven & Dartford, Band 14 / Heft 3, 2001, S. 256.

② 佛教中有大小乘在此问题上类似唯我论的争论，明末王肯堂在其《成唯识论证义》卷七中在"异境非识难"的标题下对此做了记载和论述："小乘蹑上难云：既言此人缘他人心时，托他人心为质自变相分缘者，即相分不离此人心，是唯识。若他人心本质缘不著者，即离此人心外有他人心，何成唯识耶？意谓唯识之义，但离心之外，更无一物，方名唯识，既他人心异此人心为境，何成唯识？他人境亦异此境，即离此人心外有异境，何成唯识？论主责曰：奇哉固执，处处生疑！岂唯识之教，但说一人之识耶？小乘问云：既不说一人之识者，如何？论主答：……言识之一字者，非是一人之识，乃总显一切有情，各各皆有八识，各有五十一心所，各有所变见相二分，各有分位差别。二十四种不相应行，各有空理，所显六种，真如无为，何独执一人之识乎？……唯之一字，但遮偏计执，不遮依他起"(卍新续藏第 51 册，No. 0822，王肯堂：《成唯识论证义》，第 4－10 卷，[0069c21])。这里的最后一句"但遮偏计执，不遮依他起"已经表明这里讨论的"唯识"与"他心"实际上是两个层次的问题：认识论的和社会学的问题。

论是明见背谬的。”这种明见的超越意识是指一种“在每一个‘关于……的知识’的行为中一同被给予的直接知识，它是对已经作为存在者的存在者本质上不依赖于一个知识行为之进行（以及也是对‘这个’知识行为的知识，既是在我们对我们的感知方面，也是在我们对外部世界的感知方面）的知识。”看起来舍勒是通过某种对“自我－我思－我思对象”的笛卡尔式的直接知识来解决对笛卡尔式的唯我论的指责。他在这里已经看到“问题并不在于‘集体’和‘集体成员’之间的对立，而是在于本质和这个本质的（实例）个体之间的对立”（GW II,378）。

尽管如此，舍勒在 1913 年出版的《论现象学与同情感理论以及论爱与恨》[1]中便已公开反对胡塞尔将人格视作普遍精神生活的人格，亦即超越论的绝对意识的某种殊相的做法：“我们将自阿维罗伊以来的任何一门想把‘诸人格’亦即各种具体的精神行为中心理解为一种万全精神（Allgeist）、一种绝对无意识的精神（封·哈特曼）、一种超越论的绝对意识（胡塞尔）、一种超越论的理性（费希特、黑格尔的‘理性泛神论’）的‘诸样式’、‘诸作用’的学说都视作所有形而上学迷误中的最大迷误”（GW VII,86）。

这里表露出的分歧乃至对立的原因实际上最终只能追溯到两位哲学家各自哲学立场与方法的基本差异上。我们在前一项研究中针对作为普遍精神生活的人格问题时曾指出：舍勒所讨论的问题，恰恰是胡塞尔最初不想讨论的问题。这个论题的差异就是由哲学立场与

---

① 该书 1913 年第一版题为《论现象学与同情感理论以及论爱与恨》（Zur Phänomenologie und Theorie der Sympathiegefühle und von Liebe und Haß），1923 年第二版时大幅扩充并更名为《同情的本质与形式》（Wesen und Formen der Sympathie）。本文分别简称作“《同情》书”第一版和第二版。

信仰的差异所引发的。

但在接下来的分析中，即在针对胡塞尔和舍勒的同感理论的比较研究中，我们常常会发现，立场和方法上的差异虽然会具体地表现在对相同论题的不同思考中，但最终并不一定会导致截然不同的思考结果。

这里还需要说明一点：与前项研究一样，此项研究也是在对胡塞尔和舍勒的比较和对照中进行的。但胡塞尔与舍勒在同感问题的对峙上有一个鲜明的特点：由于舍勒在 1913 年期间已经将自己在这个问题上的成熟思考(《形式主义》第一卷与《同情》书)付诸发表，而胡塞尔通过阅读这些作品以及与舍勒的交往，显然已经相当熟悉舍勒的相关思路与想法，可以在自己于此方向的思考中参照舍勒的观点和做法，提出针对性的批评和质疑。而舍勒那方面对胡塞尔在此问题上的思考却知之甚少，因为在胡塞尔于《笛卡尔式的沉思》法文版(1931 年)中发表自己在交互主体性方面的系统思考时，舍勒辞世已有三年之久。从总体上看，尽管舍勒生前对胡塞尔的思想有诸多研究和引述，也有诸多褒扬和批评，但很少涉及其同感理论或交互主体性学说，遑论对胡塞尔在这方面的可能批评的可能反驳。因此，这里对二人同感理论的比较和对照，更多涉及的是胡塞尔的视角，以及从此视角出发做出的评价和判断。但埃迪・施泰因在其博士论文《论同感问题》(弗莱堡，1917 年)中对舍勒陌生经验理论的分析和评价，几乎可以看作出自胡塞尔本人之手，或者说，出自胡塞尔现象学的立场。而舍勒在《同情》书第二版中对她的立场和观点的回应性分析与评价，反过来则可以在相当大的程度上被视作舍勒对胡塞尔本人的同感现象学的辨析。

第7节　胡塞尔于1929－1935年期间对交互主体性问题的后期思考

尽管胡塞尔自1905年起就在思考同感、陌生经验、交互主体性方面的问题并留下大量的研究文稿，但他对此问题的公开表达是在1931年出版的法文版《笛卡尔式的沉思》中。这也一度被视作胡塞尔在此问题上最为成熟的思想。包括胡塞尔的弟子A.舒茨在内的后来学者对胡塞尔的现象学社会理论的评价与批评也毫无例外地立足于《笛卡尔式的沉思》中的第五沉思，[①]尤其是其第50节“共现作为陌生经验的间接意向性（‘类比的统觉’）”、第51节“结对作为陌生经验的联想构造组元”和第52节“共现作为带有其本己证实风格的经验方式”。而在此时期围绕《笛卡尔式的沉思》产生的胡塞尔研究手稿目前已经作为胡塞尔遗稿发表在《胡塞尔全集》中，其中围绕德文版《笛卡尔式的沉思》的两次修改而形成的研究手稿作为第一组（1929－1930年）和第三组（1931－1932年）被收入耿宁编辑出版的三卷本《交互主体性现象学》中的最后一卷，即《胡塞尔全集》第十五

① 关于这些评价与批评，可以参见：K. Held，„Das Problem der Intersubjektivität und die Idee einer phänomenologischen Transzendentalphilosophie“，in：Ulrich Claesges / Klaus Held，*Perspektiven transzendental-phänomenologischer Forschung*，Martinus Nijhoff：Den Haag 1972，S.3：“尽管各自有不同的论证，胡塞尔的批评者们在这一点上却几乎毫无例外是一致的：胡塞尔没有解决交互主体性的问题。”——黑尔德在这里所说的胡塞尔的批判者，首先是指现象学外部的一些关注胡塞尔现象学的重要社会哲学学者，如哈贝马斯、卢曼、图伊尼森、伽达默尔等，但也有现象学内部的一些对胡塞尔的交互主体性分析或多或少持批评态度的重要学者，如舒茨、古尔维奇、普莱斯纳、瓦尔登费尔茨，甚至实际上也包括黑尔德本人。而且也正是胡塞尔弗莱堡时期的弟子舒茨，还在上世纪的四、五十年代便已经将超越论的交互主体性现象学问题引入了社会学的争论。

卷(1929－1935年)中。[①]

关于胡塞尔在这个时期对交互主体性问题的思考,需要指出以下几个关节点:

A.胡塞尔在《笛卡尔式的沉思》中着重使用了"共现"的概念,并在这个方向上展开自己的分析。笔者在"现象学意识分析中的'共现'——与胡塞尔同行的尝试"论文[②]之引论中对这个独具胡塞尔现象学特征的核心哲学概念做了专门的论述,并且从胡塞尔的术语使用方面说明:从文献上看,"共现"的概念首先被胡塞尔用于陌生经验,而后才转用于空间事物的经验。具体地说,胡塞尔大约自1916年起开始全面使用"Appräsentation"一词,而且首先是在他于1916年对自己以前的旧文稿所做的摘录中。这里所说的"以前的旧文稿",主要是指他1905至1909年期间在特奥多尔·利普斯关于同感问题思考的影响下撰写的与此问题相关的一些研究文稿。胡塞尔在这些旧文稿中最初使用的几乎都是"Kompräsentation/Kompräsenz"概念(Hua XIII,21－35)。直到1916年在对这些旧文稿做摘录时,胡塞尔才顺带写道:"刚刚还想起:我在以前的文稿中曾说过'Appräsentation'"(Hua XIII,33)。他将此作为"更好的术语"重新予以采纳,并且在这个摘录中开始将以前使用的"Kompräsentation"及其相关的派生词全部改为"Appräsentation"

① 在此期间与交互主体性问题相关的文稿还有胡塞尔为其计划的"系统著作"而撰写的草稿(1930年夏－1931年初),以及胡塞尔为《欧洲科学的危机与超越论现象学》而撰写的草稿(1934－1937年)。前者作为第二组文字收入《胡塞尔全集》第十五卷,后者则散见于作为《胡塞尔全集》第二十九卷出版《欧洲科学的危机与超越论现象学·补充卷》中。

② 参见倪梁康:"现象学意识分析中的'共现'——与胡塞尔同行的尝试",载于:《鹅湖学志》,2016年,第六期,页185－235。

及其派生词。在后来的相关思考中，胡塞尔几乎只使用后者，[①]同时还将其扩展地运用到事物感知与自身感知的领域中。由此也可以看出，胡塞尔的“Appräsentation”概念首先不是被运用在事物经验的分析中，而是被运用在他人经验的分析中。[②] 除此之外，笔者也在这篇论文中指出：“共现”这个要素不仅包含在事物经验、他人经验和自我经验中，而且也包含在图像表象和符号表象中，最后还包含在本质直观中。概言之，我们在意识领域中至少可以发现以下六种互不相同的“共现”方式：“映射的共现”、“同感的共现”、“流动的共现”、“图像化的共现”、“符号化的共现”和“观念化的共现”。因此，“共现”虽然首先被胡塞尔用于他人经验，但它实际上是贯穿在所有意识体验结构中的基本要素。

在陌生经验上所说的“共现”，也被胡塞尔称作“同感的共现”。它意味着：他人的躯体是被体现给我的，他人的心灵生活是被共现给我的。这两者是一个他人经验的不可或缺的组成部分，并且共同构成了我对他人身体的感知。以埃迪·施泰因的疼痛描述为例：“疼痛不是一个事物，也不能像一个事物一样被给予我，即使我在疼痛的表

---

① 胡塞尔此后还零星地使用“Kompräsentation”一词（例如：Hua IV，S. 165f.，Hua XXIII，S. 607），但显然是在一种不同于“Appräsentation”的特殊意义上（参见：Hua XIV，S. 283，Anm. 1，以及 Hua XV，S. 190）。此外，胡塞尔还在相近的意义上使用“准－体现”（quasi-Präsenz）、“附现”（Adpräsenz）、“拟原本的共现”（Als-ob original Appräsentation）、“Kopräsenz”等概念（参见：Hua XIII，S. 349，S. 478，Hua Mat. VIII，S. 275，S. 437）。

② 施洛斯贝格的说法“共现被公认为一种事物感知的基本形式”（《他人经验》，同上书，页 127）容易导致对这个胡塞尔概念的误解。

情'中'意识到它,我外在感知到的表情与疼痛'合为一体地'被给予。"[①]这里所说的被外感知到的他人表情与在他人表情"中"被意识到的他人疼痛就是胡塞尔所说的"被体现的东西"与"被共现的东西",它们在他人感知的行为中"合为一体"。

尽管对他人的感知仍然是感知,是直接的直观,但原则上是一种特殊的感知,根本不同于一般空间事物的感知。后者也是由体现和共现共同组成,例如一所房子的被体现的正面和它被共现的背面和里面,但事物感知的被共现的部分随时可以转变为体现,例如当我转到房子后面去或进入房子里面并看到它的背面或里面时,而陌生感知中的被共现的部分则注定是永远只能以共现的方式被给予我。因此,在刻画"共现"的特征时,胡塞尔谈到:"这里必定存在意向性的某种间接性",即"陌生经验的间接意向性"(Hua I,138f.)。事实上,不仅在《笛卡尔式的沉思》中,而且在1927年初的一批被耿宁称作具有"自成一体的、在实事上经过完全仔细加工的形态"(Hua XIV,XXXIV)的研究文稿中,胡塞尔也在谈论"作为一种间接共现的同感共现及其充实"(Hua XIV,488)。

但是,陌生经验究竟在什么意义上是间接的?或者说,我们究竟

① 埃迪·施泰因(Edith Stein):《论同感问题》(Zum Problem der Einfühlung, Buchdruckerei des Waisenhauses:Halle 1917),中译本:《论移情问题》,张浩军译,华东师范大学出版社,上海,2014年。——关于"Einfühlung"究竟译作"同感"还是"移情"的问题,笔者在"胡塞尔的交互主体性现象学"(载于:《中山大学学报》,2014年,第三期,页83,注1)中已有说明。张浩军使用心理学的译名"移情",并认为"同感"与"移情""并无实质性区别"(《论移情问题》,同上书,页2)。但这里有一个例子可以说明两者之间确有实质性区别:"einfühlen"的被动态"eingefühlt"相应地译作"被同感"与"被移情"。"被移情的体验"(同上书,页16)与"被同感的体验"实际上会引起不同的理解:例如很难理解"被移情的疼痛"是指什么,似乎是指将自己的疼痛移到他人那里,而"被同感的疼痛"则很清楚:我同感到的疼痛不是我本原地体验到的自己的疼痛。

在什么意义上能够直接地把握他人的心灵生活?[①] 从共现的角度来看,这里的"间接"和"直接"都是一种相对的说法,并且会引发进一步的问题,它首先涉及:在"作为间接共现的同感共现"中的"间接"究竟是相对什么而言?具体说来,与体现相比,所有共现都应当被称作是间接的,因为它不是直接的体现,而需借助体现才能一同被给予;在此意义上体现比共现要更原初或更原本,因此更称得上是直接的。然而共现本身不是一个独立的行为,而是其中的一个要素。共现与体现一起才能组成一个独立的行为,在他人经验的行为这里也是如此。他人是通过对他人躯体的体现和他人心灵的共现而直接被我们经验到的、直接被给予我们的。因此,他人经验的行为或同感的行为较之于对他人的任何一种类比推理显然又应当被称作是直接的和直观的。因而用"直接"和"间接"来定义他人经验的整个行为并不妥当,除非我们可以有所分别地说:陌生躯体的体现是"直接的",陌生心灵的共现是"间接的",而这整个陌生主体性又是"直接地"被给予我的。这种情况同样出现在空间事物的感知中:房子的正面是直接被体现的,它的背面是间接被共现的;当我转到房子背面时,情况也依然如此;事物感知中总有一些部分是间接被共现的。但我们却不能因此将整个事物感知都称作"间接的",它会导致一个语词矛盾(contradictio in adiecto)的产生。这一点原则上也适用于他人感知。

在他人感知的情况中,用胡塞尔自己的后期使用得越来越多的一对更为确切的术语来表述会更好些:我可以原本地(original)把握

---

① 图伊尼森曾对胡塞尔在《笛卡尔式的沉思》中所说的陌生经验之"间接性"做过三重界定,它们都可以归结为在此意义上的间接性,即对他人的经验必须借助世界的中介。参见:Michael Theunissen, *Der Andere. Studien zur Sozialontologie der Gegenwart*, Walter de Gruyter: Berlin 1965, 1977², A, §§ 19–20, S. 102 ff.

他人，即感知或直观他的躯体与心灵的结合：身体，但不能本原地(originär)把握他人，即不能感知或直观他的心灵(Hua XIV,290,292,313)。还有一种可能是使用胡塞尔在此语境中常常使用的“原真性”(Primordinalität)概念。耿宁曾指出：“在1934年1月的一个文本中胡塞尔区分了第一、第二和第三的原真性：我当下的意识生活在第一原真性中被给予我，我被回忆的意识生活在第二原真性中被给予我，而被同感的他人的意识生活在第三原真性中被给予我(Hua XV,Beil.L,641)。在另一个我现在还没找到的文本中，胡塞尔甚至在我当下意识生活的第一原真性内部区分了现在源点(Quellpunkt des Jetzt)的‘绝对原本性’——在原印象中被给予，相对于‘刚刚过去’(Soeben)——在滞留中被给予，以及即将到来——在前摄中被给予。在我的意识生活中，在原印象、滞留和前摄中被给予我的都是第一原真性。”[①]——“直接”与“间接”的所引发的歧义在这里都不复存在。

或者也可以借用舍勒的一个表达来说：他人具有一个“虽然是直观的(anschaulich)，但却是非感性的(unsinnlich)结构”(GW II,404)。类似的情况实际上也对“联想是直接意识还是间接意识?”或“结对是直接意识还是间接意识?”甚至“回忆是直接意识还是间接意识”的问题有效。无论如何，从总体上看，即使撇开《交互主体性现象学》三卷本的研究文稿不论，还在早期发表的《逻辑研究》和《纯粹现象学与现象学哲学的观念》第一卷中，凡在涉及交互主体性问题时，胡塞尔就已经在坚持：对他人的经验是通过直观而非通过推论或来

---

① 耿宁在这里接下来特别提醒说：“胡塞尔的现象学术语始终要在它们的语境中被理解”(耿宁：“胡塞尔的交互主体性现象学——奥斯陆报告”，德文未刊稿，中文本由郁欣翻译，页11)。

完成的，[①]就此而论，他所主张的是陌生经验之整体的直观之直接性而非推论之间接性。[②] 这与他将“直观”视为现象学的“一切原则之原则”(Hua III/1，§ 24)的做法是一脉相承的。

B.在《笛卡尔式的沉思》中通过类比统觉、结对联想、身体－躯体、行为举止[③]等概念对交互主体性问题的分析描述并不代表胡塞尔在这个问题上最成功的思考。在耿宁看来，如果交互主体性问题在胡塞尔那里得到了解决，那么这个解决不是在《笛卡尔式的沉思》中或在由1929－1935年期间研究手稿组成的《交互主体性现象学》第三卷中，而是在为1926/27年冬季学期“现象学引论”第二部分准备的相关研究手稿中，即在由1921－1928年期间研究手稿组成的《交互主体性现象学》第二卷的第三组文稿中(页393－561)。耿宁认为，“胡塞尔后来对此课题的阐述本质上没有提供超出这个形态的东西。即使是在《笛卡尔式的沉思》(1929年)中对交互主体性理论

---

① 关于胡塞尔在《逻辑研究》中涉及语言表达的交流功能时所论述的交互主体性思想，可以参见耿宁为《交互主体性现象学》第一卷撰写的“编者引论”的阐述(Hua XIII，S. XXII－XXIV)；关于胡塞尔在《观念》I中对他人经验之直观性的阐述可以参见：Hua III/1，S.11。

② 也正因为此，贝耐特、耿宁、马尔巴赫在撰写《埃德蒙德·胡塞尔：对其思想的阐释》一书时将“陌生经验”作为第二节纳入“直观当下化的现象学”的第五章，它与第一节“想象、图像意识、回忆”一同构成这一章的全部内容(参见：Rudolf Bernet/Iso Kern/Eduard Marbach，*Edmund Husserl. Darstellung seines Denkens*，Felix Meiner Verlag：Hamburg 1989，S.143ff.)。

③ 耿宁曾指出《笛卡尔式的沉思》的第五沉思中关于身体举止的一个段落(Hua I，S.144，Z.13－20)“似乎已经被损坏了(verdorben)”，因为原稿已经不存，而誊写稿出自E.芬克之手并经过了加工(参见：Rudolf Bernet/Iso Kern/Eduard Marbach，*Edmund Husserl. Darstellung seines Denkens*，a.a.O.，S.151，Anm.65)。而这个段落正是被哈贝马斯全文引述并被他用作批评胡塞尔交互主体性理论的证据，这个批评是指：“胡塞尔在意识理论的前提下无法推导出交互主体性，而只能为自己骗取交互主体性”(参见：J. Habermas，*Vorstudien und Ergänzungen zur Theorie des kommunikativen Handelns*，Suhrkamp Verlag：Frankfurt am Main 1984，S.54f.)。

的展示在陌生感知的问题方面也远未达到1927年的这些反思的力度和深度。”①这意味着，对胡塞尔的交互主体性理论的理解与评价应当建立在他生前未发表的三卷本《交互主体性现象学》文稿基础上，尤其是其1927年年初的文稿的基础上，而不应建立在虽经他自己加工，但生前仍未完成和公开出版的《笛卡尔式的沉思》上。因此，S.施特拉塞尔在《交互主体性现象学》发表后不久便要求：“谁要想确证一下胡塞尔思维努力的整个范围，他就必须花力气仔细阅读这三卷著作，它们展示了胡塞尔‘交互主体性现象学’的发展。”②然而目前对于胡塞尔交互主体性现象学的讨论，大都还在依据对《笛卡尔式的沉思》内容的理解，因此也就会沿袭舒茨、图伊尼森、哈贝马斯等人的思路来提出类似的评价与批评。③

---

① 耿宁：“编者引论”，载于：Hua XIV，S. XXXIV。——也正是基于这个理由，在耿宁为中译本提供的《交互主体性现象学》的简要选本（这个选本的方案目前已经被放弃。王炳文先生已经完成全译本并交商务印书馆出版）中，1927年以后的思考内容被忽略不计。——较为具体的说明可以在笔者“胡塞尔的交互主体性现象学”的论文（载于：《中山大学学报》，2014年，第3期，页83－91）中找到。——除此之外，耿宁曾告诉笔者，他认为第三卷的内容有许多残篇的成分，会给中译者的理解和翻译带来很大困难，因此暂且还是以不译为上。——对此更为详细的说明也可以参见耿宁为《胡塞尔全集》第十三卷撰写的“编者引论”，载于：Hua XIII，S. XIX。

② S.施特拉塞尔：“埃德蒙德·胡塞尔的社会本体论基本思想”，载于：《哲学研究杂志》，第29期，1975年，页33。

③ 在这一点上，施洛斯贝格也未能免俗。他对胡塞尔交互主体性现象学的研究虽然将《交互主体性现象学》三卷本列入参考的范围，但他主要依据的仍然是《笛卡尔式的沉思》的相关段落；他所批评的胡塞尔也依然是《笛卡尔式的沉思》中的胡塞尔，即舒茨、图伊尼森和哈贝马斯眼中的胡塞尔，亦即承认了陌生经验的间接性并因此而接受了自然主义前提的胡塞尔（参见：M. Schloßberger，*Die Erfahrung des Anderen*，a.a.O.，4.3，4.4，尤其是S.130f.）。当然，施洛斯贝格已经首先想好了对他的批评的可能反驳：他认为对胡塞尔三卷本需要做专门的研究，因此基本上不在他的论述范围之内；而且他的论述的首要目的也不在于“对胡塞尔的严格评注”，而是在于“将这些胡塞尔生前授权发表的文本所具有的困难的当下化，正是这些困难规定着几十年来的讨论”。换言之，他想讨论的主要是胡塞尔的效果史，而且是被误解的胡塞尔的效果史，而非胡塞尔的思想本身（参见：M. Schloßberger，*Die Erfahrung des Anderen*，a.a.O.，S.120）。

第8节　胡塞尔于1905－1920年期间对交互主体性问题的早期思考

在对交互主体性问题长达三十多年的探讨和思考中，胡塞尔曾尝试从不同的视角来考察和切入这个问题域，前面讨论的“共现”分析是其中之一。在他人经验问题上最初的思考开始于1905年。这一年是胡塞尔整个现象学思想发展的关键之年：首先，胡塞尔提出了“还原”的概念，其次，他开始阅读Th.利普斯的相关心理学著作，最后，他结识了W.狄尔泰。事实上，这三个事件后来都在胡塞尔对交互主体性问题探讨的三个重要视角中表现出来。我们或许可以将它们称作利普斯的心理学视角、狄尔泰的精神科学视角与现象学还原的视角。这里也需要注意以下几点：

C.从总体上看，胡塞尔于1905至1909年期间所做的最初的交互主体性问题分析尝试并未成功。他自己在对1909年文稿背面写下的一个说明中特别强调说：“作为陌生自我在我的意识中的构造的同感问题并未通过此前的分析而得到解决”（Hua XIII，44注）。这里的所谓“没有得到解决”，用耿宁的话来说就是指：“他在此第一时期内虽然在一个特定的方向上提出并阐述了陌生经验问题，但尚未以一种与其哲学立场的要求相符合的并允许一种哪怕只是尚能令人满意的解答的方式对它进行加工处理”（Hua XIII，XXXI）。

这个状况在1910年得以结束。这可以从胡塞尔另一个说明中得到佐证：在1929年发表的《形式逻辑与超越论逻辑》中，胡塞尔在一个于校样修改期间添加的脚注中就他自己的交互主体性问题研究做了一个总体的回顾和预告：“我在哥廷根讲座（1910/11年冬季学期）中已经阐述过解决交互主体性问题和克服超越论的唯我论的要点。然而真正的实施还是需要一些艰难的具体研究，它们是在以后很久才得以了结的。不久我的《笛卡尔式的沉思》就会提供有关这个理论本身的一个扼要阐释。我希望相关的详尽研究也能在明年出版”（Hua XVVII，215 注）。

关于这里的预告，胡塞尔仅仅兑现了一部分，即 1930 年的法译本《笛卡尔式的沉思》，但德文版《笛卡尔式的沉思》和计划中的“系统著作”后来因为种种原因都未能完成出版；而关于这里的回顾，我们这里首先要讨论胡塞尔在哥廷根讲座（1910/11 年冬季学期）中关于“解决交互主体性问题和克服超越论的唯我论的要点”的阐述。

这个时期的哥廷根讲座所提供的解决交互主体性问题的最显著的要点是胡塞尔在这里实施了一种新型的现象学还原，即所谓“作为普全交互主体性还原的现象学还原”或“超越论交互主体性的双重还原”。用耿宁的话来说，“对于胡塞尔而言，这个讲座之真正的成就在于，通过这个讲座，‘现象学还原被扩展到了交互主体性上’，就是说，真正的成就就在于按照一定方法将交互主体性包纳到纯粹现象学之课题‘领域’中”（Hua XIII，XXXV）。

这个所谓“双重还原”具体是指：“在每一个经验上都可以进行一种双重的现象学还原，一次是使此经验本身成为纯粹内在观看活动（Schauen）的还原，另一次是在经验的意向内容与客体上进行的还原。”它被胡塞尔称作“最为奇特的东西”（Hua XIII，178）。这种还原不是在感知活动中进行的，例如不是对当下的同感行为与相应的被同感之物的现象学还原，也不是对一个画在黑板上的三角形所做的本质还原，而是在当下化的活动中进行的，即“对再回忆的意向内容和客体的现象学还原”（同上，178），亦即还原到已经过去的被同感之物上，例如被同感到的忿怒。这种忿怒虽然不是正在被体验的本己忿怒，但与被回忆的、被想象的、被预期的本己忿怒一样，都属于“最宽泛的当下化行为组”(Hua XIII，188)，并且在此意义上成为“现象学的材料”(Hua XIII，189)。这样才可以解释，我们为什么“可以看入到他人的体验中去(einschauen)，完全直接地，不带有对某些印象的和想象的图像化意识”(Hua XIII，188)。[①] 在此思考方向上，胡塞尔可以将“现象学经验”或“现象学材料”扩展到在同感中被当下化的其它自我的体验中。用他自己的话来说：“一切现象学的存在都被还原到了一个(‘我的’)现象学的自我和其它的自我之上；前者凸显为感知着和回忆着的、同感的自我，并且凸显为在此过程中进行现象学还原的自我；后者则是在同感中被设定的，并且被设定为观看着、回忆着并且有可能同感着的诸自我”(Hua XIII，190)。

这个将现象学领域扩展到陌生意识上的过程在1910/11年的哥廷根讲座中得到了仔细的准备和逐步的论证。[②] 尽管这里还存在疑问：这个通过还原而获得的现象学意识材料是否仍然没有超越出我的意识流，但在这个意识流中，自我和他我的问题、自我的自身经验、自我的陌生经验以及他我的自身经验等等问题，事实上已经被归结为一定的“经验样式”的问题。因而这里展示出一种现象学无须返回“自然观点”就可以克服唯我论问题的可能性。

无论如何，我们这里可以参考胡塞尔在十多年后对此所做的一个回顾评价：“对于我自己来说，如我所承认的那样，对现象学还原的

---

① 胡塞尔在这段话后面还加有一个说明：“我们并非始终‘看入’，而且我觉得，在此之前有一个空乏的共现，它在可能的情况下转而成为一种再造的直观”(Hua XIII，188，Anm.5)。

② 耿宁认为，这个准备和论证主要表现在：胡塞尔一方面试图将现象学的观念分离于笛卡尔的绝对无疑的被给予性思想，另一方面他试图承认永远不会绝对给予的当下化行为是一种在现象学本身以内不仅是合法的，而且也是必然的“经验样式”(参见：Hua XIII，S.XXXVf.)。

最初认识是一种……有限的认识。好多年我都没有看到将现象学还原构建成一种交互主体还原的可能性。但最终开辟了一条道路，它对于使一门整全的超越论现象学以及——在更高阶段上——使一门超越论哲学成为可能而言，具有决定性意义。”①

D. 关于收于《胡塞尔全集》第十三卷的文稿，在我们的语境中尤其需要留意一篇可能受到舍勒启发的思考记录，即编号为“文稿八”的研究手稿。编者耿宁为此文稿所加的标题是：“在现实地经验陌生自我之前的对自我的表象可能性（1914 或 1915 年）”。他在这卷的“编者引论”中对这篇文稿的内容做过一个特别说明，认为胡塞尔“在这里阐释这样一个思想，对他人的经验可能性是在对他人的现实经验之前被给予的，即他人的一种在某种意义上的先天特征，但却出于另一种动机和在另一种意义上，全然不同于舍勒在其《伦理学中的形式主义》第二部分（1916 年）和在《同情的本质与形式》（1923 年）中所主张的某个‘你’一般（Du überhaupt）的实存的‘鲁滨逊的’先天明见性”（Hua XIII，XLV）。

舍勒在其著述中曾多次以“鲁滨逊”为例来阐释交互主体性的问题，并用后来在分析哲学中十分常见的说法“思想实验”（Gedankenexperiment）来称呼它（GW VII，228）。他设想一个完全孤独的“鲁滨逊”，但不是类似笛福小说中的那种已经在社群中生活过，后来才因为各种原因而完全离群索居的个体人格，而应当是“一个从未感知过他的同类的生物或关于它们的符号或踪迹的人，或者从未以某种方式经验过这类生物的实存的人”（GW VII，229）。舍勒将他称作“认识论的鲁滨逊”，也相当于胡塞尔意义上的一个从未经验过他

① Hua VIII，S. 174，Anm. 2.——不过这里也不应忽略一点：胡塞尔后来又将这段写在讲座稿的中的话打上了删除号。

我的本我。这个思想实验已经出现在舍勒写于1905/06年、“已经付印了一半”、而后因为不满意“重又收回的关于逻辑学的论著”(GW VII,308)[①]中。在其中讨论马赫与阿芬那留斯的一个与感觉“投入”有关的问题时,他使用了“认识论的鲁滨逊”的说法(GW XIV,78)。这个思想实验是否源自马赫或阿芬那留斯,还无从得知,也无关紧要。

真正将鲁滨逊思想实验用于舍勒自己对他人经验的分析中乃是在十多年之后了,即在其《形式主义》书的第二卷(1916年)、“基督教的爱的观念与当今世界”的讲演(1917年)和《同情》书的第二版(1923年)中。[②] 在前两处,舍勒通过这个思想实验表达了一个在他人经验或社会认识论方面的基本思想:社群的先天观念较之于社群的经验实存要更为原初:“即使是一个臆想出来的认识论的鲁滨逊,他也会在对某些共同构造出一个人格一般的行为种类的那些缺乏充实的行为之体验中共同体验到他的这种在一个社群单位中的成员状态”(GW II,511)。而在“爱的观念”的讲演中,他也强调:“对共同体的精神意向是存在的,它完全不依赖于这个共同体是否也会通过陌生人的偶然感觉经验、通过他们的外观等等……而得到充实。”这样一种共同体意识的原初性并不逊于个体自我意识的原初性。因此,鲁滨逊的思想实验可以说明舍勒的一个基本命题:“‘属于’一个共同体,是它的一个‘成员’,这样一种意识体验即使在鲁滨逊那里也是原

① 该《逻辑学》著作后来收入《舍勒全集》第十四卷、《舍勒全集·遗稿》第五卷出版:Logik I (1905-06), in GW XIV: *Schriften aus dem Nachlaß*, Bd. 5: Varia I, Bouvier Verlag: Bonn 1993, S. 9-256.

② 舍勒在《同情》书的第一版(1913年)中没有提到鲁滨逊的例子,这个例子是在《同情》书第二版(1923年)中加入的。在加入鲁滨逊思想实验的同时,舍勒在这里也提示参考在此期间已经出版的《形式主义》书第二卷的第一版(1916年),那里已经实施了鲁滨逊思想实验,并提示了对《同情》书第一版相关(即不带有鲁滨逊说法的)论述的参考。这些做法也表明舍勒对此思想实验以及由此表达的相关思想观点的重视。

初的，而且恰如鲁滨逊的个体自我意识和自身意识那样是原初现存的”（GW V,372）。

在后来的《同情》书第二版中，舍勒进一步将这个思想实验扩展到“你一般的明见性”上，并且提出：“你”的先天明见性比“你”的经验实在性更为原初（GW VII,229f.）。舍勒诉诸于这样一种解释：“你”的先天明见性不同于对某个“你”一般的偶然的、观察的、归纳的经验，但它也有“直观基础”，对于“情感行为”而言，这个直观基础是“特定的和有明确界限的空乏意识”（Leerbewußtsein）或“非此在意识”（Nichtdaseinsbewußtsein），即没有意识到一个已有的真正生物的偶然此在。舍勒以“真正的”爱他人的行为来说明这种状况，即是说，爱可以是纯粹的情感而没有作为爱的相关项的被爱者。此外，对于“追求行为”而言，舍勒认为这个直观基础是某种“匮缺意识”或“非充实意识”，即是说，这些追求的行为没有具体的对象，也没有得到经验的充实，但却可以“与可能的社会对应行为一同构成一个客观的意义统一”。看起来在这里也可以用前面曾提到的一个舍勒的说法来刻画这种意识的特征：这种关于“你”一般（Du-überhaupt）的明见性意识是“直观的”，同时又是“非感性的”（GW II,404）。舍勒一方面强调它有别于各种形式的“天赋观念”，无论是虚拟的还是现时的；另一方面也强调它不同于“对某种不可经验之物的直觉确然性”（GW VII,229）。

舍勒对这种“你”一般的明见性在孤独的鲁滨逊那里的形成过程做了如下的总结描述：“因此，我们认为，从本质上确定的和无法混淆的空乏位置中，即从他的意向行为进行的仿佛达及的那些空乏位置中，他会形成关于某个作为‘你’的领域的某物的最高实证的直观和观念——只是他不知道关于它的任何一个样本”（GW VII,230）。即是说，这样一种对“你”一般或“共同体一般”的直观和观念既是最高实证的，又是缺乏经验标本的。这个看似的语词矛盾在舍勒那里最终是用本质直观的说法来化解的：这样一种对“你”一般或“共同体一般”的直观和观念就是“完全确定的自身经验——诚然是以本质论的方式来看和观察”（GW VII,230）。

就胡塞尔而言，他很可能是通过与舍勒的交流或通过对其《形式主义》第二卷或《同情》书的阅读而了解了舍勒所说的以鲁滨逊为例的“思想实验”。他自己也尝试在这个方向上的进行思考，其结果就是被耿宁标示为对“在他人经验的现实性之前的他人经验之可能性”的思想记录。实际上耿宁在其它地方已经指出：胡塞尔后来将这个方向上的尝试“当作‘过于建构性的’而予以拒绝”。[①]

胡塞尔对舍勒的最集中批评也是在这个方向上进行的。他一方面否认舍勒是现象学家，因为舍勒没有诉诸于自身直观，不能理解内在意向结构分析方法；另一方面也将舍勒视作坏的天赋论者，因为他预设了天生的、不确定的普遍表象：“所有真正的现象学诠释都必须展示在原初的自身直观中。在这个方面，舍勒的同感理论是一门真正现象学理论的对立面。坏的天赋论的根本错误就在于，撇开它在感觉论方面不能理解内在意向结构分析方法不论，它还预设了天生的，即便是非常不确定的普遍的‘表象’，并且仅仅将对此不确定的普遍性做进一步确定的功能归诸于所有的发展。如果有人引述‘空乏表象’并在说明中诉诸于意向性，那么他还不是现象学家。必须理解意向性的究竟成就是什么，并且阐明其完整的成就，或者说，阐明所有类型的对象，阐明它们主观上以感知的方式是从哪些结构材料中产生的，以及是通过哪些意向综合产生的，这是现象学的任务。现象

① 参见：Bernet，Rudolf/Kern Iso/Marbach，Eduard，*Edmund Husserl. Darstellung seines Denkens*，a.a.O.，S.145.

学是科学，而且是最终的科学，出自理解的澄清。但它在这里想要的是合理的澄清，亦即对这种成就的必然性的理解，在对一个被明见到的必然性的最高还原形式中，格式塔就是以这种必然性构造起自身，根据本质规律（本质结构的规律以及各种意向性之可能成就的规律）”（Hua XIV，335f.）。

这里的问题以及分歧主要在于，本质直观是否能够不以经验直观为基础？胡塞尔本人始终坚持：本质直观需要在范例性的个别直观的基础上进行（Hua XIX，B_1 18）；本质直观的特性就在于，它以个体直观的一个主要部分为其基础，因而如果不能将目光自由地指向一个个体之物，不能构成一个范例性的意识，也就谈不上本质直观（Hua III/1，15）。[①]

一旦放弃了这个基础性的经验直观或个别直观，胡塞尔就有可能无法回答他的哥廷根学生、加拿大人贝尔（Winthrop Pickard Bell）对“本质直观”问题的疑问：“‘本质认识’不仅仅是诉诸于一个神秘‘直觉’之气质的不可控的格言……一旦将智性直觉用于‘含有实事的（sachhaltig）’问题，那么为什么任何一个唯灵论者和耽于幻想的人就不可以随意引述一个‘直觉’的明见性呢？”（书信 III，37）或许这就是胡塞尔在其“现象学与人类学”讲演中批评舍勒“已经将我的《逻辑研究》对埃多斯、对先天论的和本体论的认识的改造论证看作是一张为素朴形而上学颁发的通行证”（Hua XXVII，180）的根本原因。

E. 在此期间一再受到这些现象学家们讨论的还有一个利普斯的思想实验。他在《美学——美与艺术的心理学》中以观看杂技时的

---

① 对此问题，包括舍勒与胡塞尔对感性直观与本质直观之间关系问题的不同理解，还可以参见张任之的详细讨论：《质料先天与人格生成——对舍勒现象学的质料价值论的重构》，商务印书馆，北京，2014 年，页 112－115。

同感经验为例说明“纯粹的同感”或“完整的同感”的现象，并由此引出双重自我的问题：

“同感在这里被设想为完整的同感。如前所述，如果我直接地和毫无顾忌地投身于这些运动的印象，亦即在对杂技演员的运动的同感过程中，如果我的注意力完全朝向这些运动，那么这种完整的同感就发生了。

但现在假设：我从这种完整的同感中退出来，也注意到这个实在地在站着的人群中的我，注意到我在此进行的独立于杂技演员之运动的运动。我反思并且将自己感受为反思者，这样，对我来说就有两个自我，那个在上面的自我和这个在下面的自我；在杂技演员之中的自我和与此有别的实在本己的自我。

最后假设：我从同感中完全退出来。同感曾发生过；而我现在回顾被拖延的实事状态，那么在回忆中被体验的自我始终直接还束缚在杂技演员上。因此，如果我在回忆中将杂技演员和他的运动当下化，那么在他之中始终还有一个自我和一个内行动，仅仅是一个单纯被表象的。但这个被表象的自我及其行动同时也与我的实在自我相对立，即那个回忆着杂技演员的自我。”①

利普斯在这里对同感的状况做出了三重的区分：1）当下的纯粹完善同感作为直接投入的体验，2）对已经发生的同感的回忆作为单纯的表象，3）对同感的当下反思作为这两者之间的中间状态。从这里的引述可以看出，他对第一种完善同感状况的描述最为简略，甚至可以说是语焉不详。至少他并未说明，在这里是否与在后面两种情况一样，都存在着双重自我的情况。

---

① Theodor Lipps, *Ästhetik - Psychologie des Schönen und der Kunst*, *Erster Teil*, *Grundlegung der Ästhetik*, Verlag von Leopold Voss: Hamburg/Leibzig 1903, S. 124f.

对于这个思想实验，施泰因在其《论同感问题》的博士论文[①]中做了分析和批评，主要是针对利普斯所说的第一种状况，即完整的同感："利普斯认为，只要同感是完整的同感（这是我们不再能够认同的），那么对本己自我和陌生自我的区分就不复存在，而是两者合而为一：例如，当我在观察时内心里与杂技演员一同运动时，我与杂技演员合而为一。只是在我退出这个完整的同感并且反思我的'实在自我'时，分离才会出现，那些并非出自我的体验才显现为属于'他人'的和处在他的运动中。"[②]施泰因在这里所做的引述已经不再是单纯的引述，而是含有自己对被引述内容的推论和诠释。利普斯本人只是设想了一种观看者的注意力完全朝向杂技演员的运动的状况，他并未将完整的同感等同于观看者的本己自我与杂技演员的陌生自我的"合而为一"。除此之外，在这种状况中实际上已经很难谈论双重的自我，因为本己自我已经完全投身于陌生自我，应当没有丝毫的实在自我会留存下来，这样的留存只是在本己自我半退出陌生自我时才成为可能。

而当舍勒在《同情》书的第二版中讨论这个为施泰因引述的利普斯思想实验时，他对利普斯的诠释较之于施泰因更为过度："利普斯在此认为，只有观察者的实在自我才作为一个分离出的自我留存下来，但体验自我则完全消融在杂技演员的自我中。这个看法遭到了施泰因的合理批评。她说，我并未与杂技演员'合而为一'（eins mit ihm），而只是'在他那里'（,bei' ihm）"（GW VII，29）。舍勒在这里无疑已将利普斯列举的第一种情况（即完整同感的情况：观察者的体验自我完全消融在杂技演员的自我中）与第二种情况（即反思同感的

① 从胡塞尔对施泰因的国家考试论文的摘录中可以看出，她在这里就已经对利普斯的杂技演员案例做了分析和批评，后来她几乎将其逐字逐句地转用到其博士论文中。

② E. Stein, *Zum Problem der Einfühlung*, a. a. O., S. 16.

情况：观察者的实在自我作为一个分离出的自我留存下来）混为一谈。但他接下来对施泰因的引述则是准确的，而且看到了要点所在。施泰因的原话是："我并未与杂技演员'合而为一'，而只是'在他那里'，我并未真的，而只是——拟的（quasi）——实施他的运动，这不仅意味着，如利普斯所强调的那样，我并未外在地实施这些运动，而且也意味着，这个'内心里'与身体的运动相一致的东西，即这个'我运动'的体验，在我这里并不是一种本原的体验，而是一种非本原的体验。"①

应当说，舍勒、施泰因和胡塞尔在这里达成了在同感问题上的某种程度的一致，即本己自我是处在陌生自我那里。但仅此而已，接下来在同感的本原性与非本原性的问题上，舍勒就会与施泰因和胡塞尔分道扬镳。施泰因在这里的论述以及在国家考试论文中的论述显然受到胡塞尔的影响，而且也获得他的认可。胡塞尔在对施泰因的国家考试论文的摘录中两次摘录了这个杂技演员例子，并且在后一次摘录的后面还添加了一个自己的反思，以此方式也加入到了对利普斯的思想实验的思考中："如果我生动地表象一个角色，那么我便在精神中贯穿于它之中，然而我会现实地运动眼睛。如果我生动地表象一种粗糙性，那么我有可能也会进行触摸的手指运动，至少会有这方面的'萌动'等等。如果我生动地表象一个陈述，那么我会有一些语言器官运动的萌动等等。这与'模仿'的关系如何？"②这里的"模仿"（Nachahmen），基本上也是在对什么叫作"在他那里"问题的方向上的进一步展开。

这种所谓的"在他那里"的感受既不是共感或同情，也不是同一感，更不是模仿的冲动。或许用耿宁的一个概念来标示它要准确得

---

① E. Stein, *Zum Problem der Einfühlung*, a. a. O., S. 17.

② 参见：„Husserls Exzerpt aus der Staatsexamensarbeit von Edith Stein", a. a. O., S. 694.

多，即“为他感”（为他人的感受：Fühlen für andere）。耿宁在其对儒家王阳明哲学的研究中引入这个概念，用它来说明孟子以将要落井的孩子和一头被带去宰杀的颤抖的牛为例所说的“恻隐之心”并不是通常意义上的“同情”或“怜悯”：“因为‘同情’很容易被理解为，我们在这种感受中以某种方式分有他人的情感。但在孟子的例子中并不需要是这种情况。我们可以在看见一个在井边开心玩耍的孩子时感到吃惊，并且倾向于去保护他免受我们担心的灾难，我们在这里并未参与这个孩子的情感。”在耿宁看来，“这种为他感的特点首先在于，它不只是意向地关系到自己的处境，就像在喜悦、悲哀、愉快和生气（忿怒）或害怕的情感方面有可能出现的情况那样，而是也关系到那个对一个他人或一个其它生物而言的处境。例如人们感受到，一个对他人而言的事件是坏的、危险的或好的。因此，这种为他感不仅是一种对自己处境的对象性的意向，而且也是对一个其它生物的对象性的意向，并因此也是一种对这个在其处境中的其它生物的非对象指向。其次，这种为他感要求一种为他人的行为，并且恰恰在其中才得到其充实。”[①]事实上，这种孟子的恻隐意义上的为他感与利普斯、施泰因、舍勒、胡塞尔所讨论的对杂技演员的同感是基本一致的，只是前者涉及的是某种道德情感，而后者则可以是道德无涉的。但观察者的本己体验与被观察者的本己体验在两种情况中都是不相等的。对这种虽然将本己体验投入他人体验之中，但始终只是体验自己的体验而并不一定分有陌生体验的状况，用“为他感”来表述比“在他那里”的感受或某种意义上的“同情”或“同一感”或“模仿”等等要

---

① 参见耿宁在《人生第一等事——王阳明及其后学论‘致良知’》结束语中提到的八个问题中的第一个问题（Iso Kern，*Wang Yangming*（1472-1529）*und seine Nachfolger über die „Verwirklichung des ursprünglichen Wissens“*，Schwabe Verlag：Basel 2010，S. 775-780）；中译本：倪梁康译，商务印书馆，北京，2014 年。

贴切和准确得多。

F.胡塞尔本人在其关于交互主体性现象学方面长达三十多年的思考记录中曾多次提到舍勒的观点。其中最早的一次是在1913年前后。在大约于1913年对利普斯《心理学指南》所做的摘录与评论中,胡塞尔后来添加了一个注脚:"这令人回想起舍勒的理论,它认为我的单一和唯一的意识流首先是无分别的,而后才作为自我和其它人格、主体而分异自身"(Hua XIII,73,注1)。

胡塞尔在此谈到的是舍勒在他人经验问题上的另一个观点,它与前面的鲁滨逊思想实验密切相关,但在某些方面又不同于前者。也许可以说,前者与后者构成舍勒他人经验理论的确切词义上的两个观点,即两个视角。这里要讨论的后一个观点之要害在于:本我的当下经验的本原性(Originarität)在某种意义上得到了扬弃,取而代之的是一个尚未分化出本我与他我的意识流的本原性。前一种本原性可以用施泰因的例子来说明:唯有我当下感受到的疼痛是本原的。而我回忆、期待、想象的疼痛以及他人的疼痛都不能说是本原的。① 后一种本原性则可以称作"前自我的"或"无自我的"本原性。它在许多方面让人联想起胡塞尔在"贝尔瑙手稿"(1917/18年)中所说的通过还原来获得的"原初的感应性"(ursprüngliche Sensualität),它也被称作"完全无自我的感性倾向(sinnliche Tendenzen)"(Hua XXXIII,275f.)。这里的第一性的东西不再是指结构意义上的本原性,而是指发生意义上的原初性(Ursprünglichkeit)。② 但这里无法深入讨论是否可以,以及在多大程度上可以将胡塞尔的"前自我"完全等同于舍

① E. Stein, *Zum Problem der Einfühlung*, a. a. O., S. 5f. ——事实上,施泰因在其博士论文中对同感的思考与分析可以视为胡塞尔的同感现象学的版本之一。

② 对此可以参考胡塞尔在另一部时间问题研究文稿"C-手稿"中对此所做的说明:"我们在发生的回问中构建起作为开端的尚无世界的前领域和前自我,它已经是中心,但还不是'人格',遑论在通常的人的位格意义上的人格"(Hua Mat. VII,352)。

勒意义上的“无差异的体验流”。或许可以说，胡塞尔在这个问题上曾经受到过舍勒思考的影响。这些思考已经偏离胡塞尔通常的意向分析风格。田口茂曾通过几个问句来表达由于胡塞尔在此方向上思考的这种特异性（Befremdlichkeit）而易于产生的疑惑：“是否可以将这些构想归因于一种思辨的跳跃，随着这种跳跃，胡塞尔就不再理会他的其余的具体细微的经验分析？是否可以将它视作一种附加的副产品，它可以毫无疑问地分离于胡塞尔的专门现象学分析？‘原自我’真的会展现给现象学的目光吗？抑或它只是一个从外部偷运到现象学之中的‘理念’？”[①]尽管田口茂（包括李南麟）仍然将胡塞尔在此领域中的思考理解为和归属于现象学分析，但这些分析明显具有与胡塞尔在其公开发表文字中给出的现象学分析大相径庭的特性，即田口茂所说的“特异性”。它们距离舍勒的情感分析甚至要比胡塞尔的通常意向分析更近一些。

舍勒最初是在其《同情》书中谈到胡塞尔所说的“单一和唯一的意识流”。他在与“同一感”（Einsfühlung）相关的语境中讨论这个问题，并将其称作“形而上学的生活统一”（GW VII，85）。舍勒相信，这种“同一感”是所有其它类型同情现象的基础，既在它们之间存在着一种“本质规律性的奠基关系”，既是“在功能（无时间的）奠基的秩序”意义上，也是在“发生的发展秩序”（GW 7，105）的意义上。在他看来，整个奠基关系的顺序是：同一感为追复感（Nachfühlung）奠

① 对此可以参考田口茂在其专著《埃德蒙德·胡塞尔的“原自我”问题》中对胡塞尔的“原生活”、“原自我”、“前自我”以及“我的，但不是我私人的原生活场所”等问题的阐述与分析：Shigeru Taguchi，*Das Problem des “Ur-Ich” bei Edmund Husserl. - Die Frage nach der selbstverständlichen “Nähe” des Selbst*，Phaenomenologica 178，Springer：Dordrecht 2006，S. 139，S. 142，S. 188。——关于胡塞尔的“原自我”与“前自我”概念的区别可以参见该书：3. 2，S. 217 ff.，以及李南麟（Lee Nam-In）：*Edmund Husserls Phänomenologie der Instinkte*，Phaenomenologica 128，Kluwer Academic Publishers：Dordrecht 1993，1. 4，S. 214 ff.

基，追复感为同情感（Mitgefühl）奠基，同情为人之爱奠基，人之爱为位格之爱和上帝之爱奠基（GW VII，105－111）。

这个意义上的原初的或本原的“单一和唯一的意识流”（胡塞尔）或“无分别的体验流”（施泰因）已经不再是通常意义上的“同感”或“同情”，因为它先于本我与他我的差异，当然也就与本我与他我的关系无涉，甚至也不成为严格意义上的交互主体理论或交互人格理论的论题。但施泰因也承认，“这并不是说，根本就没有像同一感这样的东西。”[①]同样，这也并不是说，这种同一感完全与他人经验无关。相反，它的确有可能是我们在思考这些理论时最终需要回溯的源头或起点。在这点上，胡塞尔后来在贝尔瑙手稿和C手稿中似乎站到了与舍勒相同的立场上，而且在这方面很可能通过自己的阅读或通过对施泰因的阅读[②]而受到舍勒的影响，尽管胡塞尔很少使用“同一感”这个词，[③]而且他更多是在时间理论和发生理论的语境中探讨这个问题。

施泰因在其博士论文中一方面曾多次指出：“我们无需研究舍勒对同感的讨论，因为他的讨论并不指向我们所说的同感。”“严格说来，同感不是同一感。”[④]另一方面，她也批评舍勒“并不了解纯粹自我，并且始终将‘自我’理解为心灵个体”，因而“他当然不能成功地指明这样一种无自我的体验”，“所有这些情况都根本不能用作他的理论的证据”。施泰因认为：“只有离开了现象的领域，这些情况才会产生好的意义。”[⑤]对此，舍勒那边或许可以回应说：正因为此，我说的

---

① E. Stein, *Zum Problem der Einfühlung*, a. a. O., S. 17.

② „Husserls Exzerpt aus der Staatsexamensarbeit von Edith Stein“, edited by Karl Schuhmann, in *Tijdschrift voor Filosofie*, Nr. 53, 1991, S. 698.

③ 胡塞尔在其关于交互主体性现象学思考中对这个词似乎只使用过一次。参见：Hua XIV, S. 527.

④ E. Stein, *Zum Problem der Einfühlung*, a. a. O., S. 30, S. 17.

⑤ E. Stein, *Zum Problem der Einfühlung*, a. a. O., S. 31f.

是“形而上学的生活统一”。事实上，施泰因很可能没有看过胡塞尔的贝尔瑙手稿和C手稿，否则她的批评也可以是针对胡塞尔在其中的相关思考风格而发的。

胡塞尔本人在对舍勒意义上的“原初的或本原的”、“单一和唯一的”、“无分别的意识流”并未做出否定的表态。他只是提出方法上的疑问：“他[舍勒]如何达到这种无分别的被给予性？”按照施泰因的解读，舍勒在这里诉诸于内直观：“陌生的和本己的体验都是在内直观中被给予的。”这种内直观不同于反思，“因为内直观不是对行为的把握”。[①] 无论是在他1913年对利普斯的《心理学指南》所做的摘录与评论中，还是在他1914年对施泰因的国家考试论文所做的摘录与评论中，胡塞尔对此都未置可否。

第9节　胡塞尔于1921－1928年期间对交互主体性问题的中期思考

胡塞尔在交互主体性问题上最为深入全面，因而也是最为成熟的思考不是在三十年代完成的，即不是在《笛卡尔式的沉思》或他计划中的另一部“系统著作”的语境中，而是在二十年代末，更具体地说，是在1927年1月至2月的一组研究手稿中。它们如今被收入《交互主体性现象学》的第二卷，即《胡塞尔全集》第十四卷（1921－1928年），作为第三组出自与1926/27年冬季学期“现象学引论”讲座第二部分相关的文字：Hua XIV，393－561。该卷的编者耿宁认为：“在它们之中，胡塞尔在某种程度上解决了他从一个完全特殊的

① 参见：„Husserls Exzerpt aus der Staatsexamensarbeit von Edith Stein“，a. a. O.，S. 698f. 以及 E. Stein，*Zum Problem der Einfühlung*，a. a. O.，S. 31－35.

视角提出的陌生经验的问题。如果胡塞尔在其《形式逻辑与超越论逻辑》(1929年)中说:他在1910/1911年的讲座中已经提出了解决交互主体性和超越论唯我论问题的要点,但所需的'具体研究'是在很久以后才得以结束的,那么这个'结束'可以在1927年1月至2月的研究中看到。在这些研究中,胡塞尔的同感(陌生经验)理论第一次找到了一个自成一体的、在实事上经过完全仔细加工的形态"(Hua XIV,XXXIV)。就笔者的有限阅读范围而言,目前尚无对此部分的专门研究面市。一门立足于此基础上的交互主体性现象学的系统也还未显轮廓。

笔者在这里无法展开对这组文稿中的交互主体性理论的分析和讨论,而只能满足于引述耿宁对胡塞尔在这组文稿中就交互主体性理论所完成的"最大成就"的概括:"自许多年来就被提出、而此前从未得到满意解决的问题:对于'联想'而言根本性的本己身体与外部躯体的相似性是如何以构造的方式在它们的可能显现方式的原则差异性中得到中介的——对这个问题的回答是通过一种空间构造分析来完成的,更确切地说,是通过将每个外部躯体的疏离和运动构造性地回溯到本己的'动感运动'上的做法来完成的(文稿第36号)。据此,对自己身体的想象式的外部表象('移出')的诉诸便作废了"(Hua XIV,XXXIV－XXXV)。

G.另一次与舍勒他人经验理论的交涉是在胡塞尔这个时期的交互主体性理论研究手稿中发生的,具体时间是在1924年,尽管它可以追溯到十年前,即1914年胡塞尔对施泰因国家考试论文的摘录。这个交涉与胡塞尔和舍勒对陌生主体性之直接经验方式的不同理解有关。如果前一次的交涉并不涉及同感问题或交互主体性问题,那么这一次的交涉便与这些问题直接相关:即本我以何种方式把握到他我的体验:情感、感觉、思想等等。

这个交涉还是由胡塞尔《交互主体性现象学》的编者耿宁指出的："可能是受研讨课讨论在'充满想象的幽灵显现(Geistererscheinung)'方面的启发，胡塞尔在第16号文稿(以及附录)中检验他与舍勒的理解相对立的命题：陌生主体性只能根据对外在身体性的检验来设定"(Hua XIV, XXVI)。

这个命题代表了舍勒的他人经验理论的另一个显著特色。他曾在其《同情》书中以一个哭喊着的孩子为例，要求区分三个层次的事实：1)仅仅将孩子的头看作肉体的头，2)将他的头看作一种疼痛或一种饥饿的表达现象，3)对这个哭喊的孩子的怜悯(GW VII, 19)。这三者可以同时出现，但也可以在奠基的顺序中依次出现。就他人经验而言，这里至关重要的是前两者，即表达现象的质性和体验的质性。舍勒认为在它们之间存在着"特殊种类的本质关系"："'体验'在此，这是在表达现象中——不是通过推理，而是'直接地'——在本原(originär)'感知'的意义上被给予我们的：我们在脸红中感知到羞愧，在笑中感知到快乐"(GW VII, 21)。

这里所说的"感知"在胡塞尔的意向分析中是指在由感知与回忆、想象组成的直观行为中最为直接和本原的意识行为。它建立在感觉材料的基础上，通过对其直接的把握而构造出明见的对象。胡塞尔曾对外感知的行为特征做过十分典型的现象学分析："完全一般地说，感知是原本意识(Originalbewußtsein)。但是我们在外感知中却看到有一种奇特的分裂：原本意识在这里只能以一种[混合的]形式出现，即：对某些面的本真而实际的原本意识到，对另一些非原本此在的面的一同被意识到(Mitbewußthaben)。我说'一同被意识到'，这是因为未被看到的那些面对于意识来说确实是以某种方式存在于此的，'一同被意指'(mitgemeint)为一同当下的(mitgegenwärtig)。但它们实际上并没有显现出来"(Hua XI, 4)。

这里所说的“一同被意识到”、“一同被意指”以及“一同当下”，实际上都是对我们前面曾讨论的“共现”的另一种表述。这种“共现”现象不仅出现在外感知中，而且在胡塞尔那里首先被用来刻画他人经验或同感的特征。我们继续以舍勒的实验分析为例：如果我们仅仅将孩子的头看作肉体的头，那么这里涉及的是一个单纯的外感知；如果我们将他的头看作一种疼痛或一种饥饿的表达现象，那么这里涉及的已经是他人感知了。

舍勒与胡塞尔在此问题上的根本区别在于：前者认为，对疼痛或饥饿的看已经是直接的体现，而后者则认为，他人的疼痛或饥饿的被给予方式只能是共现，而且永远不可能成为体现。换言之，在前者那里，脸红不仅仅被表象为单纯的脸红，而是同时也以直观的，但非感性的方式直接被把握为羞愧；而在后者这里，脸红是直接地、感性地被体现的，羞愧只能是以非感性的方式被共现的。

很可能是通过对施泰因的国家考试论文的审读，胡塞尔对舍勒的他人经验理论开始有所了解。他在“摘录”中引述施泰因的话：“舍勒在《同情》书页 6 上正确地说：一个姿态表情必定已经是喜悦或畏惧的表达，从而可以被模仿”，随后他加入了自己的一个简短评论：“这太多了。”[①]

这里的“太多”是表明胡塞尔不相信舍勒解决他人经验问题的直接性方案，即他人的心灵可以被直观或感知到。用他在“摘录”中引述的一个施泰因例子[②]来说，我内心里完全可以区分自己是由于生气而皱眉还是为了装成生气而皱眉，[③]但对我看到的他人的皱眉则不会有类似的把握。这里的明见性程度差别是显而易见的。但是胡

① „Husserls Exzerpt aus der Staatsexamensarbeit von Edith Stein“, a. a. O., S. 695.

② „Husserls Exzerpt aus der Staatsexamensarbeit von Edith Stein“, a. a. O., S. 694.

③ 参见 E. Stein, *Zum Problem der Einfühlung*, a. a. O., S. 60.

塞尔同样不满意利普斯的两者择一的方案:同感要么是本原的体验,要么是单纯的表象。施泰因的方案是与胡塞尔的思考相平行的:我只能直观自己的体验。对他人体验的把握是"非本原的"(originär),但这不是一种"素朴的非本原性",而是一种"陌生本原性宣示于其中的非本原性"。① 这差不多就是对胡塞尔"体现+共现"的同感理论的另一种表述。舒曼合理地将它称作"在对他人体验的直接无间的直观与遥远单纯的表象这两个极端之间的一个中间立场。"②

如果我们此时来回顾胡塞尔与舍勒以及与利普斯和施泰因的这些思想交集,我们会发现胡塞尔所说的"太多"仅仅是多出了一点而已。无论如何,这里提供的三个方案都带有现象学分析的烙印,而且都坚持了特定意义上的直接性,都指明了他人经验是直接被给予的,而非通过类比间接完成的推论,无论是类比的推论,还是联想的推论。

如果施洛斯贝格将舍勒的他人经验命题视作解决现象学交互主体性难题的关键步骤,视作舍勒的社会哲学"在这些与主体性和交互主体性相联结的问题上所做的一个重要的和仍然有效的贡献",③那么胡塞尔、利普斯和施泰因的方案也应当得到同等程度的关注。

第10节 结语:关于同感现象学的原则与结论

我们在此可以在与施洛斯贝格研究的衔接中以对这里展示的同感现象学思考的一个总结和评论来结束我们的工作:

---

① E. Stein, *Zum Problem der Einfühlung*, a. a. O., S. 17.

② K. Schuhmann, „Einleitung", in „Husserls Exzerpt aus der Staatsexamensarbeit von Edith Stein", a. a. O., S. 689.

③ M. Schloßberger, *Die Erfahrung des Anderen*, a. a. O., S. 13.

以往那些有影响的批评者如图伊尼森、卢曼、哈贝马斯等人对胡塞尔的指责主要集中在其反思的意向意识分析方式或“原初的自身观视”(Hua XIV,335)的出发点上,因而也隐含地涉及现象学的交互主体性理论,包括舍勒的现象学交互主体性理论。它在社会哲学领域中几乎已被公认为是失败的,而且是原则上不可能成功的。但施洛斯贝格似乎认为,事实上失败的不是胡塞尔的意向性学说,而是他将他人感知视作通过对他人身体感知之中介来完成的感知的做法。而舍勒借助胡塞尔奠定的基础,以现象学的方式解决了交互主体性的问题,在此意义上可以说是完成了拯救现象学的社会学或现象学的社会本体论的一个变革或突破。初看起来,施洛斯贝格在这里没有再接受舒茨、黑尔德等人对胡塞尔的超越论现象学维度上的陌生经验理论的批评,而是将利普斯、狄尔泰、胡塞尔的同感理论或他人经验理论归为一类,并对此提出一个总体的批评,即认为利普斯的心理学传统、狄尔泰的解释学传统与胡塞尔的现象学传统都没有能够为他人经验如何可能的问题提供答案;因为他们的结论都在于将他人的经验视为对他人意愿、感受、思想的理解,易言之,对他人心灵的理解;更确切地说,将他人躯体的经验视为直接的,将他人心灵的经验视为间接的,故而在对他人经验的理论分析中都会陷入一种循环:“最终与狄尔泰和利普斯一样,胡塞尔想要澄清对一个他人躯体的感知,并且因此也无法迈出比至此为止所介绍各个开端更进的一步,因为在此道路上对他人经验的说明会不可避免地陷入循环。在没有对他人的本原经验这个前提下始终已经预设了对其它自我领域的知晓。”[①]

前面的阐述应当已经说明,这个循环的指责实际上是不成立的,

① M. Schloßberger, *Die Erfahrung des Anderen*, a. a. O., S. 12f.

因为一方面，“没有对他人的本原经验”的命题并不会必然地导向“其它自我领域不存在”的结论。因此，如前所述，唯我论的指责从一开始就不能成立。事实上，在本体论和认识论方面，现象学是二十世纪的巴曼尼德斯主义或佛教唯识学：一切皆存在，无论是本我还是他我；它们只是在不同的意义上、以不同的经验方式存在；甚至可以说，以不同的显现方式存在。[①] 这里可以与现象学家在另一类意识状态方面的划分和确定为例：从现象学的视角来看，本己的过去的和未来的心灵生活也不具有像本己的当下心灵生活那样的明见性，但由此并不能得出曾为舍勒提及的“唯有瞬间自我（Momentich）是实存的”意义上的“唯我论”（GW XIV，84），甚至连过去和未来的心灵生活也不实存，或不曾实存和不会实存。另一方面，胡塞尔也从不认为他人经验需要借助推论来完成，因而始终坚持这个意义上的直接性。就此而论，他与舍勒一样坚持了现象学的“一切原则之原则”：直接直观的原则。只是胡塞尔认为，对他人体验的把握永远不可能像对本己体验的把握那样本原。因此他人的心灵生活永远不会像本己的当下心灵生活那样具有首要的明见性。这也是本文开篇时所指出的胡塞尔的和耿宁的基本立场。在此我们还可以说，这也是施泰因的基本立场。胡塞尔在其“摘录”中曾摘录过施泰因在国家考试论文中的话：“但实际的情况始终如此：我——他人、本己体验——他人体验原则上是不同的现象。”[②]只是在这点上，胡塞尔有理由将舍勒视作自己的对立面，因为他们把握到的明见性是相互排斥的。但他没有理由将舍勒的结论视作现象学的对立面，因为舍勒的明见性也是通过现象学直观获得的。

---

① 如前所述，笔者在“现象学意识分析中的‘共现’——与胡塞尔同行的尝试”文章（载于：《鹅湖学志》，2016年，第六期）中已经系统地梳理了这个问题。

② „Husserls Exzerpt aus der Staatsexamensarbeit von Edith Stein“，a. a. O.，S. 698.

这里的问题显然并不在于评判胡塞尔与舍勒的相关思考孰优孰劣，或者说，他们之间谁才是真正现象学的。但也许有必要提出这样的问题：即使我们悬搁“舍勒的他人经验理论是否在胡塞尔失败的地方获得了成功”的问题，仍然应该思考舍勒在这些他人经验分析中采用的是否仍然是现象学的方法？因而他的成果是否可以被称作现象学的突破与变革？施洛斯贝格本人实际上在这个问题上也仍然有些犹豫不决：舍勒解决问题的方式究竟是现象学的，还是哲学人类学的，抑或是形而上学的。当然，对这个问题的回答需以“现象学方法究竟是什么”问题的澄清为前提。而在后一个问题上，各个现象学家又有各自不同的理解，一如伽达默尔所说，“几乎每一个可以划到现象学运动中去的学者都提出过‘现象学是什么？’这个问题，并且对问题的回答都各不相同。”[①]这也意味着，我们这里所尝试的问题解答最终只具有相对的有效性。

如前所述，在其对舍勒的批评中，胡塞尔将“真正的现象学诠释”方法理解为：“原初的自身观视”(Hua XIV，335)。也许可以评价他对现象学诠释的这种要求是好是坏，但那属于另外一个问题范围。在这里有效的事实仍然在于，胡塞尔式的现象学无论好坏都必须是以自身直观的反思为出发点的。前面的阐述已经表明，舍勒在他人经验理论中的大多数分析都没有违背这个基本要求。他虽然不承认现象学是一种为现象学家共同使用的方法，但仍然将它理解为“精神观视的一种观点，人们在此观点中获得对某物的直观(er-schauen)或体验(er-leben)，而没有这个观点，这个某物便隐而不现”(GW X，380)。这也是在他担任编委的《哲学与现象学研究年刊》发刊词中得

① H.-G. Gadamer, „Die phänomenologische Bewegung“, in GW 3, J. C. B. Mohr (Paul Siebeck): Tübingen 1987, S. 116.

到表达的现象学基本信念："只有通过向直观的原本源泉以及在此源泉中汲取的本质明察的回复，哲学的伟大传统才能根据概念和问题而得到运用，只有通过这一途径，概念才能得到直观的澄清，问题才能在直观的基础上得到新的提出，尔后也才能得到原则上的解决。"(Hua XXV,63f.)事实上，我们在前面的阐述中也已经能够看到，舍勒在其哲学思考中十分娴熟地在本质直观中实施意向分析的方法，这也是胡塞尔与慕尼黑－哥廷根学派共同认可的现象学方法，包括意识体验的横向静态本质结构描述方法与意识体验的纵向发生本质结构的说明方法。

胡塞尔对舍勒的他人经验思考的批评大致可以归结为：过多的建构性、滥用本质直观、诉诸于天赋论等方面。这里或许可以回忆一下现象学运动哥廷根学派重要成员约翰内斯·道伯特在1913年致胡塞尔信中所表达的他的舍勒评价："舍勒的论著[《伦理学中的形式主义与质料的价值伦理学》，第一部分]为现象学所发布的东西并不地道。切不可被他遍地闪烁的急促心灵所蒙骗。我一再地获得这样的印象：他将'现象学'当作手段来实施那些他完全在别处已然确定了的命题。我也不喜欢他的那些来源的暧昧不明"(书信II,66－67)。这也可能是胡塞尔后来将舍勒的同感理论看作是"一门真正的现象学理论的对立面"(Hua XIV,335)的诱因之一。

然而这里对胡塞尔与舍勒各自的交互主体性理论或他人经验理论的比较研究已经表明：除了超越论观点的根本立场差异之外，两人在这方面的思考和分析实际上并不处在根本对立的状态，他们的分析以及结论也都表明自身为典型现象学的。即使舍勒从未完全摆脱形而上学的思维方式，而且也在其公开发表的论著中一再尝试以现象学的方式讨论一些形而上学的问题，或进入一些形而上学的领域，但与此类似的尝试在胡塞尔未发表的研究文稿中也并不罕见。虽然胡塞尔在现象学基本问题上以及在他公开发表的著作中的意向分析无疑是现象学的，但他在其长期的和大量的研究期间记录在文稿中的思考也有许多并不全然是现象学的，甚至带有形而上学的或思辨的特征，例如他对原初的单一体验流的思考，再如在单子论方向上所做的交互主体性思考，又如对本真同感和非本真同感的区分等等。很可能是各种实事本身的特性决定了对它们的讨论方式。例如，无意识的本性决定了对它们的思考和把握不可能是严格意义上的现象学意向分析。

施洛斯贝格曾引用H.普莱斯纳的说法来强调舍勒的现象学家身份，这个说法在笔者看来是十分准确到位的："尽管舍勒的哲学有形而上学的倾向，但他在所有奠基问题上都是现象学家。"[①]前面的分析已经多次证实了普莱斯纳的这个说法。也许，与海德格尔承认"存在论只有作为现象学才是可能的"[②]一样，舍勒很可能最终也会说"人格论或价值论只有作为现象学才是可能的"。

---

① H. Plessner，„Vorwort“，in：H. Plessner，*Die Stufen des Organischen und der Mensch. Einleitung in die philosophische Anthropologie*（1928），Walter de Gruyter：Berlin 1975，S. V.——不过我们也可以看到同样出自普莱斯纳的一个说法，他在关于胡塞尔的回忆中曾引述舍勒在其科隆末期关于现象学的一个负面表态："实际上根本不应该再用现象学这个词了，它所做的说到底只是哲学一直已经做过的"（参见：H. Plessner，„n Göttingen bei Husserl“，in：*E. Husserl, 1859-1959. Recueil commémoratif publié à l'occasion du centenaire de la naissance du philosophe*，Martinus Nijhoff：Den Haag *1959*，S. *38*.）。

② M. Heidegger，*Sein und Zeit*，GA 2，Vittorio Klostermann：Frankfurt am Main，1977，S. 35；参见中译本：《存在与时间》，陈嘉映、王庆节译，三联书店，北京，2006年。

附录一
现象学与认识论*

马克斯·舍勒

《精神科学》的编者要求我简短而确定地谈一谈现象学这个年青的哲学流派，谈一谈它的工作和它的目标，这个流派的倡导者们最近在《哲学与现象学研究年刊》中结成了某种联合，我可以满足这个要求，但有两点保留。

第一个保留在于：在现象学观点中被发现的在所有哲学领域中的那些定律所具有的认识价值，它们完全独立于对"现象学"一般本质问题的澄清，完全独立于对现象学是什么和想是什么的问题的说明。只有那种现象学所反对的唯理论才会在不具有对一门有关科学的先行定义以及在不具有——先于对实事之探讨的——关于"方法"的确定公理的情况下就无法想象对一个实事领域的有益的和有效的认识。但实际上这种定义在任何认识展开中都始终是第二性的。即使对于数学、物理学、化学，更无论生物学、精神科学来说，至今为止仍还没有公认的定义。方法(即在研究方式上的统一意识)总是——关于它的论争已是旷日持久——有益而长久的对实事之研究的结果。事实性的，即仅由实事所要求的研究本身之统一绝不依赖于关于这个统一的明晰意识，遑论在判断中对此统一的表述。现象学哲

* Max Scheler，„Phänomenologie und Erkenntnistheorie“，in Max Scheler，*Gesammelte Werke* X：*Schriften aus dem Nachlaß* Bd. I，Bonn 1986，S. 377-430. ——中译文首次载于：《面对实事本身——现象学经典文选》，北京，2000 年，页 174－237。

学还年轻，因而更没有理由要求它对其在实证研究中所运用的研究方式做出固定不变、信守不渝的陈述，这种陈述就是在最古老的、最无争议的科学那里也无从寻找。

第二个保留在于：以下对现象学之本性与精神(Natur und Geist der Phänomenologie)的说明仅仅要求重现笔者的本意。并不存在一个可以提供公认命题的现象学“学派”，而只存在一个研究者的圈子，这些研究者一致抱有一种对待哲学问题的共同态度和观点，但他们对所有那些在此观点中被认为是发现了的东西，甚至对这种“观点”之本性的理论都各自不同地接受和承担责任。

一、现象学的观点(Einstellung)

现象学首先既不是一门科学的名称，也不是哲学的代词，而是精神观视的一种观点，人们在此观点中获得对某物的直观(er-schauen)或体验(er-leben)，而没有这个观点，这个某物便隐而不现，它就是特殊类型的“事实”的王国。我说的是“观点”，而不是方法。方法是一种目标确定的关于事实的思维方式，如归纳、演绎。但这里的问题首先在于那些先于所有逻辑确定新的事实本身，其次在于一种观视方式。但用这个观点所要达到的各种目标则是由世界的哲学问题所给定的，这些问题绝大部分通过持续了一千年之久的哲学研究而得到表述；这并不是说，通过对这种观点的演练，对这些问题的更确定的表述本身就不再会发生多重的变化。人们也可以将“方法”理解为一种确定的观察和研究的方式，它们或带有或不带有实验手段，或带有或不带有我们感官、显微镜、望远镜等等的工具支持。如此而论，那里的问题也在于获得新的事实。但观点在此期间始终是同一个观点，无论被获得的是物理事实还是心理事实：这种观点是一种“观察”。但这里所涉及的却是一种根本不同于观察的观点。被体验者(das Er-lebte)和被直观者(das Er-schaute)仅只在体验(Erleben)和直观行为(Er-schauen)本身中、在此行为的进行中“被给予”:它在此行为之中,并且仅仅在它之中显现出来。它并非处于此,让人们去观察(be-obachten)它,以至于实事的这个或那个特征在不改变事实的情况下显露出来。在这里,如何使某物得以显现,这是无关紧要的;例如,它也可以通过实验而得到显现。但这样一来,这个实验便不具有归纳意义。它类似于数学家的所谓“直观化实验”,他们通过这种实验来确定一个事先被定义的概念的“可能性”。而且还存在着一种在想象表象中的直观。

因而,一门建立在现象学基础上的哲学作为基本特征首先必须具备的东西是生动的、紧凑的、直接的与世界本身的体验交往——这正是与这里所关涉到的实事的体验交往。并且是这样来与这些实事进行体验交往,一如它们完全直接地在体验行为的体验中给出自身的那样,一如它们在此行为中并仅在其中“自身在此”的那样。怀着对在体验之中的存在的渴望,现象学哲学家到处寻找显示着世界内涵的“源泉”本身,以求畅饮一番。他的反思目光在此仅滞留在体验与对象世界的相接点上——无论这里所涉及的是物理之物还是心理之物,是数字还是上帝或其它东西。反思的光束所应试图切中的只是在这个最紧密的、最生动的接触中“在此”的并如此“在此”的东西。

在这个意义上——但也仅仅是在这个意义上——现象学哲学是最彻底的经验论和实证论:所有概念、所有定律和公式,甚至纯粹逻辑所具有的那些概念、定律和公式,例如同一律,都必须在体验的相应内涵中找到“相合”。并且,在满足这个要求之前,任何定律的真理和有效性都被闲置起来。

这样,现象学哲学便彻底地区别于至此为止唯理论的大多数形式，这种唯理论将某些概念、公式，甚至科学作为其操作方式的基础，无论其目的是在于演绎地获得其"前提"，还是在于使"其结论达到一种无矛盾的联系"。对科学及其对象的澄清——当然，这也是现象学哲学的一个主要动机；同样还有对艺术、宗教、伦理的澄清；但如果将科学或它的某个定律前设为有效的，那么这就不再是对其本质的澄清，而是对其本质的模糊了。除此之外，这还意味着使哲学成为科学的婢女（ancilla scientiae），这个错误与人们合理地指责经院哲学所犯的那个错误是相同的，尽管这里所涉及的不是神学，而是数学的自然科学或历史科学（科学主义）。对此，这样一个"法庭"对个别科学来说已经不具有存在的合理性，因为这些个别科学有权要求自己来确定其前提，但这种确定必定也会在这些科学的不断发展变化中随时改变自身。

但在现象学的彻底经验论与各种类型的唯理论之间仅只存在着一个最窄小的鸿沟，这个鸿沟在于，现象学哲学拒绝将批判标准的问题设定为所有问题中的首要问题。作出这种设定的哲学合理地自称为"批判主义"。与此相反，现象学深信，先行于所有就一个领域而言——就真正的还是虚假的科学、真实的还是虚妄的宗教、真正的还是无价值的艺术这样一类问题而言，甚至就是这样一些问题而言："一个被意指者的现实的批判标准何在？一个判断的真理的批判标准何在？"——之批判标准问题的是对有关事实的内涵和意义的深入体会。关于批判标准的问题，如一幅画是否为真正的艺术作品，现有的宗教是否是以及它们中间哪些是"真正的"，这些问题总是由一些门外汉首先提出来的，他们与艺术作品、与宗教、在科学中与事实领域没有直接的接触。谁不曾在实事领域中付出过劳作，谁就会首先提出这个实事领域的批判标准问题（施通普夫）。

批判标准问题是一个永恒的"他人"的问题，这个他人不愿在对事实的体验、研究中发现这个为真和为假，或发现这些价值为好和为恶，而是超越出所有这一切之上——作为一个法官。但这样一种人不明白，所有批判标准都是从与实事本身的接触中才引导出来的；“这些”批判标准也必须如此引导出来。因此，现实－非现实、真－假这样一些对立以及其它的价值对立都需要通过现象学来澄清其“意义”。只存在着某种与“真”这个词意义相同的东西，它超越于那个仅属于定律领域的真－假对立之上：它就是一个被意指者在直接直观明证性中的“自身被给予性”。唯此才是斯宾诺莎用伟大而深刻的语词所谈论的那个真理：“真理是其对自身的并且是对错误的批判标准”，斯宾诺莎用它来检验其通过直观而获得的认识。它永远无法通过其它学说的批判标准而被获取；而自身被给予又不同于无可置疑、无可辩驳。对于定律领域和判断领域有效的对立真理是建立在这个“真理本身”之中。自身被给予性和明证性〔明察(Ein-sicht)〕因而是先行于真与假的认识理想。当然，批判标准类型的人会再提出问题：“自身被给予性的批判标准又何在?”他以心理主义的方式去寻找一种“明证感觉”或一种特殊的“体验”，一旦某物是明证的，它就会像一个小小的奇迹或一个信号一样一再地自动重现——这当然是不存在的事情——，或者他还会去寻找与判断相符合的规范。但“自身被给予性的批判标准”这样一个想法便已经是背谬的了，因为只有在不是实事“本身”，而只是它的一个“信号”被给予的情况下，任何一个关于批判标准的问题才具有其意义。

尽管如此，现象学的这个真正实证论和经验论的原则与所有那些至此为止叫作经验论和实证论的东西处于同样强烈的对立之中。如此自称的各种哲学学说实际上根本没有素朴地和纯粹地检验过那些在体验中被给予的东西，而是在确定了一个完全狭窄的经验概念，即“通过感官的经验”概念之后，它们声明，所有那些被看作是被给予的东西都必须被回溯到“经验”之上。现象学反对将经验的一个“概念”作为基础，它要求在现象学上证明“感觉”、“感性的”概念。当然，所有被给予之物都以经验为基础——但所有类型的“关于某物的经验”都导向一个被给予之物。感觉论者们所倡导的那种窄小意义上的经验论便误识了最后这个定理。这种经验论简单地将所有那些无法通过印象或其衍生物而得以“相合”的被给予之物都压制下去，或将它“解释”出去。休谟对因果性、事物、自我等等便是如此行事。对于康德来说，被给予之物必须是由感觉和思维所组成的。于是，最难于成为自身被给予性以及距离自身被给予性最间接的东西恰恰就是“经验”，而伪经验论却如此乐于以经验为始，就好像它是原被给予之物一样。

但现象学哲学还在另一种意义上根本区别于那种经验论。恰恰是现象学的彻底经验原则会导向对先天论的充分论证，甚至是对先天论的巨大扩展——实证论和经验论是反先天的和归纳的——，并且是在哲学的所有领域中。因为所有建立在直接自身直观基础上的东西，即所有“自身”在体验和直观中在此的东西，它们对于所有可能的观察以及对于所有源于观察的可能归纳来说都是先天被给予的，即作为纯粹的何物性（Washeit）= 本质性（Wesenheit）。然而，在如此被给予之物中被充实的定律也是先天为真的——在其中被反驳的定律则是“先天为假的”。正如经验不能等同于感觉经验（直观的一个选择式）一样，经验也不能等同于归纳。

现象学的先天论完全可以将隐藏在柏拉图、康德先天论之中的正确东西采纳到自身之中。但仍有一条深渊将前者与后者分离开来。先天并非通过“某种构形的主动性”或一种综合或其它类似的东西而成为经验的组成部分，更不是通过一个“自我”或一个“超越论意识”的行为。相反，是奠基的次序，即现象作为直接体验的内涵在其中成为被给予性的那个奠基次序，也就是那个不是建立在“知性”中，而是建立在现象的本质之中的奠基次序，才使例如所有以“空间性”为基础的定律也适用于物体，使所有对价值有效的定律也适用于那些自身承载着这些价值的财富和行为。这就是说，所有那些对对象的（自身被给予的）本质来说有效的东西（以及所有在本质联系上有效的东西）同样也对这个先天本质的对象有效。对于一个僵死运动的本质来说有效的东西，同样也对这个可观察的运动有效，对对象本质有效的东西，同样也对这个特定的对象有效；本质联系也与此相似：高贵的东西应当优先于有用的东西，或者，3 + 3 = 6。但是，除了纯粹逻辑学的直观基本事实的所谓形式先天以外，任何一个实事领域：数论、集合论、组论、几何学（颜色几何学和声音几何学）、力学、物理学、化学、生物学、心理学，都可以通过较为仔细的钻研而展示出一整个系统的质料先天定律——建立在本质明察的基础上——，它们使先天论得以充分扩展[①]。而逻辑意义上的先天在这里总是直观事实之先天的结果，这些直观事实构造出判断和定律的对象（例如矛盾律）。

这样，现象学的先天论便与各种学说的组合（所有的唯心主义、主观主义、本能主义、超越论主义、康德的所谓“哥白尼立场”、唯理论、形式主义）区别开来，这些学说以最杂多形式采纳在哲学各个主流学派中的先天学说。

但使现象学共同区别于至此为止的经验论和唯理论的是这样一个事实：现象学所探讨的不只是关于对象的表象——表象这个词并不是在与感知的对立中，而是作为“理论”行为的统一被使用——，而且还是在行为意向中、在某种“关于某物的意识中”进行的完整精神

---

① 参见：《哲学与现象学研究年鉴》：《伦理学中的形式主义与质料的价值伦理学》。

体验。世界在体验中原则上也直接作为“价值载体”和作为“阻抗”(Wider-stand)而被给予,正如它作为“对象”被给予一样。也就是说,这里同样涉及到那些直接在关于某物的感觉行为中,例如关于一个风景的美和可爱的感觉行为中,在爱和恨、意愿和不愿的行为中,在宗教预感和信仰行为中——并且仅仅在它们之中——所包含的和炫示出的本质内涵——它们区别于所有那些我在这种“事情”上不是在这种行为中,而是在表象行为中通过对我的自我的内在感知发现为心理状态、例如发现为感觉的东西。即使在这里,先天内涵和本质内涵也应当区别于可能观察和归纳的偶然事物内涵。

恰恰在这里,对许多人来说,最困难的是将体验的内涵以及在那些体验中并仅在体验中——因为它的显现和被给予恰恰束缚在行为上,但却并不因此而就不是“客观”的——展示之物的充盈区别于那种仅仅被生活的生活,这种生活作为僵死的陪伴现象或作为剩余可以同时地或后补地被看作是所谓的“心理体验”。而这不仅是相对的事实,即在所谓现时-当下之物和直接过去之物的意义上的事实,而是绝对不同的事实。

二、现象学与心理学

自身被给予的东西只能是那些不再是通过某种象征而被给予的东西,也就是说,它不是那种被意指为对一个在先以某种方式被定义的符号的单纯“充实”。在这个意义上,现象学哲学是一种对世界的持续去象征化。

自然世界观,但也包括,甚至更包括科学——尽管科学拒绝承认自然世界观的特殊内涵是其创立的“根据”,甚至声明将其从科学的前提中删除出去并且借助于其事物和力量来解释它的形成,但它同时又坚持自然观点的基本形式——,这两者从自身出发都永远无法导向自身被给予性。

在对自然的自然世界直观中,例如颜色和声音就从未作为其本身出现,可见的质性在直观中仅只表现为:对于区分和估价事物统一或过程统一,对于这些统一的"特性",它们也具有再现功能。这些统一在这里是某种可用性的统一或实践的含义统一,例如,钟-起身。但这是与所有内涵,譬如与何物性"现实",与"事物性"等等相背离的。事物性作为本质并不显现在自然感知的事物中,反而会在被标识为此物和彼物的过程中被吞噬。与此完全相同,一个心灵波动在这里也只是如此地被给予,并且只是作为这样一种统一而从生命流中突现出来,由此而作为某种可能行为发生变化或与其它行为统一区分开来。所以,自然世界观充满了象征并且因此而充满了随之而来的被象征化之物的超越。

科学要摆脱在变动不居的物质方面的功利考虑,这种考虑主宰着自然直观内涵的整个划分,也主宰着自然语言及其含义统一,科学也要摆脱自然直观内涵的概念和事物统一的兴趣角度。而在自然科学这里则相反,它在相当大的程度上增强了对在其中还是被给予之物的象征化。例如颜色和声音对它来说完完全全就变成了符号,无论它是对在物理学中某个被当作光线之基础的基质的运动以及此基质在某些实体上的中断而言的符号,或是对在生理学中于视神经内发生的化学过程而言的符号,或是对在心理学中的所谓"感觉"而言的符号。而颜色本身并不包含在这些科学中。在自然世界观中,这个在绿树上的红只是在如此必要的程度上被给予,从而使人们所意指的樱桃得以暴露出来;与此相同,颜色在上述三门探讨它的科学中也只是在如此的程度上被关注,以便它能够单义地作为各种不同的运动、神经过程、感觉的符号而存在。但颜色本身——它的纯粹内涵——在科学面前则已成为一个单纯的X。人们总是说:这个红的颜色是一个与这个运动、这个神经过程、这个感觉相符合的X。但X不是自身被给予的。所以,红似乎收到了一张又一张的支票。只要我们还停留在科学之中,那么,尽管这些支票会无数次地被用来与其它向红开出的支票相兑换——但它们却永远不会被彻底兑现。

现在,现象学原则上是这样一种认识方式,它一步一步地回溯这个复杂的交易过程并且——最终——兑现所有的支票:在其最深刻的沉思中得到兑现的不仅是所有那些由科学开出的支票,而且还包括所有那些由一切文明化的混乱此在和生活及其象征对此在所开出的支票。只有当所有象征和半象征通过自身被给予性者而得到完全"充实",其中也包括所有在自然世界观和科学中作为理解形式而起作用的东西(所有"范畴之物"),并且,当所有超越之物和仅被意指之物对一种体验和直观来说都成为"内在的"时,现象学才——在任何一个问题上——达到了它的目的地:在这里不存在任何超越和象征。所有在科学中还是形式的东西,在这里还会成为直观的质料。正如对待红的颜色一样,现象学也以同样的方式来对待一个宗教对象或一个道德价值。

因而,使现象学得以成为一个统一之物的并不是一个确定的实事领域,例如物理之物、观念对象、自然等等,而仅仅是在所有可能实事领域中的自身被给予性。

在这里已经清楚地道出:现象学与心理学的关系不多不少完全就和现象学与数学、逻辑学、物理学、生物学、神学的关系一样?仅此而已。除非独立的现象学研究得出这样的结果:心理之物在本质上是直接被给予的,而物理对象或其它类型的对象则在本质上是间接被给予的。但现在,现象学所能作出的解释却恰恰相反。[①] 那些只

① 参见我的文章"论自欺",《病态心理学杂志》,第一年度,第1期,1911年。

配称之为“心理”的东西，并不是一个“关于某物的意识”的任意对象，不是一个意向行为的任意对象；天文学的实在太阳也是这样一种对象，同样还有 3 和 4 的数字，它们都不是心理之物。毋宁说，只有那些作为一个体验－自我的体验而“被给予的”东西才是心理的，而本质上属于这些体验的被给予性的是“关于某物的意识”或意向行为的一个完全特殊的方向和形式。这便是“内感知”的方向和形式，它与外感知的方向和形式的区别既在于其方向——而不在于感知的内涵，不在于那种相对于身体来说在内的和在外的东西，而在于那种独立于“身体”规章的东西——，同样也在于在此在彼被给予之物的杂多性：在外感知那里有一种在自我中的时空相离（Auseinander），在内感知那里则有一种在自我中的时空相聚（Beisammen）。除此之外，内感知同样也区别于对“身体”的感知，身体的被给予性绝不能被纳入到外（物体）感知和内（自我）感知的事实之中，而是展示着一个完全本己的本质被给予性（身体现象）——它不奠基于物体或自我之上。最后，唯有那种为了解释的目的而假设性地被想象到内感知的被给予之物之中去的东西，才在解释性的因果心理学意义上是心理实在的。[①]

当然，心理学也像任何一门科学一样需要一种现象学的奠基。在这里，自身被给予的东西也必须与所有仅只象征的和间接的被给予之物相区别。在心理体验中也隐藏着本质性；在心理体验之间也存在着本质联系。在这里也存在着一个广泛的质料先天的领域，它既不能通过内向的观察被证实，也不能通过这种观察被取消，并且它另一方面又是所有对陌生心理生活表述的意义之可能理解的前设。

① 因此有三个意识概念：一是“关于……的意识”，二是内感知的现象，三是实在的心灵生活。参见前一个脚注。

经验心理学的所有基本概念及其前设:一个在客观时间中的体验流的此在,对所谓心理基本类型的设定,再造、联想等等概念,它们必须通过心理之物的现象学而得到最终的澄清。[①] 但在这里有一点是完全明晰的:被心理学所研究的体验也已经是实在的过程和事物,它们能够在大多数行为和各个个体的行为中被意指,它们也能够在其进程中具有不被体验到的、更不被注意到和不被重视的标志和特征,它们本身永远不能够“自身被给予”——就像一个外部世界的自然感知的物体事物也不能够做到这些一样。正如在物理领域中,假象和现实之间存在着区别一样——或是像彩虹、海市蜃楼、镜子图像、一根棍子在水中的折影那样受物理学决定,或是像光学错觉的对象,如在视觉事物中较长的垂直线那样受生理学的决定——,在这里同样存在着现实的和虚假的痛苦、现实的和虚假的感情、现实的和虚假的感知(例如真正的幻觉)[②]之间的区别。

因此,如果谁以为心理领域已经作为心理之物的领域而与直接被给予之物相一致,在这方面不可能产生真正的欺骗(区别于单纯的错误,例如在包括体验在内的判断中),或者以为内感知作为“内”在明证性上要优先于“外”,譬如一个自我的存在较之于物质和物体世界的存在要更明证,哪怕是更明证一丝一毫,那么他就大错特错了。毋宁说是存在着一切可能类型的虚假自我,如在演出中演员的“哈姆雷特自我”,社会角色的自我,共有意识的“诸自我”中的这一个自我。任何一个经验感知都是不明证的,它始终只是或多或少象征地给出它的对象并且是将它作为一个相对于感知内涵而言超越的对象来给予。恰恰是现象学与所有类型的唯心主义学说,与笛卡尔、贝克莱、

① 参见在《年鉴》中我的论著的第二部分。

② 参见我的文章“论自欺”,同上。

费希特、叔本华的唯心主义学说相决裂，所有这些学说都在某种程度上将现象学的直接性与心理学的被给予性，甚至与自我相关性混为一谈。现象学既拒绝心理学的被给予性，也拒绝自我相关性。另一方面还存在着——在严格意义上的——物理现象，在这种物理现象方面就和在心理现象那里一样不可能出现欺骗（或假象与现实的区别），例如在这样一些纯粹何物性之间的绝对本质区别，在这些何物性中，某物作为死的和活的被给予，某物作为物理的和外部世界的被给予，某物作为物质的和非物质的（如影子）被给予。在任何地方和任何时候，物理之物本身——以及在它之中的本质差异——都不表明：它自身是通过一个由那种被误以为仅只是直接被给予的心理之物所构成的思想行为才得以被创造或被构形，甚至才得以"被开启"。与此相同，在另一方面，心理存在领域不是作为残余或剩余，即不是作为在那种被误识的"客体化"过程中留存的东西而被保留下来，因而对心理之物的划分以对自然对象及其在它之中被给予的差异性的考虑为前设（纳托尔普、明斯特贝格等等）。心理之物毋宁说具有其在内感知中的本己被给予方式，我们既不能否定它是一种与外感知不同的感知本身的方式，它也不能像那些以为可以通过周围世界的内容与一个有机体的关系来创造心理之物的人（马赫、阿芬那留斯和其他人）所想做的那样被还原为外感知。

心理之物的现象学因而不仅完全地和绝对地区别于所有解释心理学，而且也完全地和绝对地区别于所有描述心理学。没有一种描述不带有对个别过程的观察。但在现象学的观点中，一个被意指之物是被直观，而不是被观察。每一个描述都朝向一个个别的经验事实，即朝向一个现象学的"超越之物"，并且，每一个描述对其对象的选择始终都是根据那些对此对象之可能解释来说具有意义的特征来进行的。

现象学与心理学以及心理之物的现象学与心理学的这一原则关系排斥了任何一种对现象学的所谓心理主义解释之可能,然而这并不意味着,现象学不能指明它与所有那些如今作为“心理学”而被从事的东西之间的最丰富的事实性关系。人们可以在各个研究者那里——我指的是柏格森、在其《描述的和分析的心理学观念》中的狄尔泰、W.詹姆士、在其《心理学导论》中的纳托尔普,以及被明斯特贝格称之为“主体化心理学”的东西——找到丰富的和有趣的篇章,它们完全可以包含到现象学之中,尽管这些研究者并没有意识到这个事实并且常常将这些现象学的结论混同于经验-心理学的结论。在一些研究者那里,例如在柏格森那里,人们甚至可以说,他们在心理之物的现象学的任务面前不再看到经验心理学的本己的和特殊的任务,正如他们另一方面显然完全误识了外部心理的现象学事实并因此而最终仍然陷入到心理主义之中。

但现象学与如今那些通常在“实验心理学”标志下发表的研究之间的事实性关系要更为丰富和有益。并非所有这些研究,尤其是并非这些研究所包含的所有真实结论都具有这样一种归纳的意义,即:通过实验技术而得出的结果可以作为同一个东西被重复,可以被观察并且可以从这些观察中得出归纳性定理。毋宁说,这些实验往往只是“直观化的实验”,它使有关体验内涵的构成阶段,即那个包含在此体验本质中的阶段被直接直观到,或者,例如在比勒(Bühler)的思想实验中,他试验了对含义相对于仅只被意指者和所有图像表象所具有之本质的现象学明察。[①] 只须再提几个例子就够了,例如在卡茨(D. Katz)关于颜色的显现方式的研究中,在彦士(E. R. Jeansch)关于视觉空间的研究中,在林克(P. Linke)和魏尔特海谟(M. Wer-

① 也可参见,迈瑟(A. Messer),《感觉与思维》,莱比锡,1908年。

theimer)关于运动错觉的研究中,在阿赫(N. Ach)关于意志行动的研究中,在米滕茨威(K. Mittenzwey)关于抽象的研究中,在施通普夫和克吕格(F. Krüger),尤其是科勒(W. Köller)关于声音音质的声学研究中可以找到相当多的或属于心理之物现象学,或属于质料现象学,或属于最简单的物理现象之现象学的篇章,它们可以在最大程度上丰富我们的现象学认识。当然,这些研究者——施通普夫是个例外,他将现象学严格区别于心理学,但由于他将现象学限制在被他称之为"感性的"现象上,从而过分地束缚了现象学——大都缺乏对现象学研究之统一性的清醒意识,以至于现象学的东西在任何地方都没有能够鲜明地突出于经验确定以及随后对这些确定的解释,而且除此之外,现象学的结论往往看上去好像是归纳意义上的实验结果,好像是顺带地流入到研究之中。然而,这种做法并没有妨碍这两个部分深入相互促进。同样不会妨碍这种促进的是,许多属于关于物理现象的感性被给予性现象学(并因此而属于感官生理学的现象学奠基)的东西在这里显现为"心理学",而被研究的现象却并没有在被体验到的自我关系中被给予。其原因恰恰在于,那些研究者们以为在不引入自我事实和自我概念的情况下就能够划定心理之物的领域,但却因此而不仅误识了心理学的特殊任务,而且也误识了一门肉体生物环境的现象学之问题的整个广袤和统一,感性现象的现象学只是这门现象学的极小一部分。

除了这些影响之外,现象学对几位年青的精神病医生所产生的影响尤其令人兴奋,并且它还强烈地反作用于现象学哲学本身。要考虑的正是那些或多或少强烈地偏离了正常的内、外感知和表象之对象以及情感作用和行为的错觉构成物和幻觉构成物的对象性,对于相关的正常复合行为及其对象的本质构造以及对于它们的本质必然建构来说,这种考虑常常会提供最令人吃惊的明察。在这里,陌生心灵生活和陌生行为的理解和解释之间的本质关系很大程度上得以明晰，对陌生人格和陌生意识之被给予方式的现象学的问题解决同样也得到极大的促进和支持。笔者的研究《论同情感的现象学和理论以及论爱与恨》，雅斯贝尔斯（K. Jaspers）的研究《错觉分析》、《在心理病理学中的现象学方向》、《早期精神病人的命运和精神病之间的因果关系与理解关系》，施贝希特（W. Specht）的研究《错觉和幻觉的形态学》，此外还有笔者的两篇短文"论自欺"、"论所谓养老金歇斯底里的心理学"①，这些研究都可以被称为是对上述关系的更细致的深入探讨。

三、"现象学论争"

威廉·冯特（W. Wundt）在几年前曾对埃德蒙德·胡塞尔的《逻辑研究》做过一个有趣的批评。这里只分析这个批评中的一点，因为有关的表述代表了对这些以单行本形式发表的现象学研究很容易产生的一个典型误解。冯特指出，他在读这部著作时常常注意到，它的作者实际上从未说过：被研究的对象是什么，例如一个判断、一个含义、一个愿望等等是什么。毋宁说，它的作者在大段的阐述中首先始终只说，它们不是什么——也就是这样一类命题："判断不是表象+承认，不是表象联接或表象分解"等等，而在这些命题之后紧跟着是一个同语反复，例如"判断——就是判断"。

冯特的这个意见本身是一个有趣的现象学例子，它可以表明：一个话语可以为真，但却同时又完全不可理解。的确如此，许多现象学

① 后两篇文字可参见《病态心理学杂志》，第1期，1911年，以及《社会科学与社会政治文库》，第36卷，第2期，1913年。

阐述——不仅是胡塞尔的——都具有冯特在这里所描述的进程。由此可以得出什么结论呢？结论是，必须从一种完全不同的观点出发来阅读一部现象学著作，这种观点不同于冯特所持的观点，后者对于那些想要传诉观察和描述被观察者，或想要归纳和演绎地证明某种东西的书来说，实际上是必要的。如果在一部具有上述意图的书中存在着如此多的否定并且结论是一个同语反复——那么人们对它的评价当然不会比冯特对《逻辑研究》的评价更有利：它应当被扔到火里去！但冯特未注意到的恰恰是现象学阐述的可能意义。这个意义仅仅在于：使读者（或听众）直观到某物，这个某物就其本质而言仅仅只能被直观到，对于这个某物的被直观，在这部著作中出现的所有命题，所有推论，所有可能深入的暂时定义，所有暂时描述，所有推理环节和证明都只能具有指针的作用，它们指向被直观者（胡塞尔）。但在这部著作中，被直观者本身却永远不会出现——不会在它的任何一个判断、概念、定义中出现。在这部著作中，这个 X 是必然的，这部著作中的一切都仅只围绕着这个 X 在转圈子，直至“同语反复”向读者指明：如果现在向那儿看，你便可以看到它！这就是被冯特认为是单纯“同语反复”的东西所具有的意义。

同样可以理解，在这个终极指明之前，会有各种否定出现。它们的作用在于，通过对一个现象所涉及的诸多可变复合以及对所有涉及到这些复合的因素的逐渐排斥而从所有方面来对这个现象划界，直至没有任何东西留存下来——除了这个现象本身：正是它本身在所有可能的定义企图中的不可定义性，才表明这个现象是一个真正的“现象”。在一部实证科学的著作中包含有作者本人所看到的东西——这是可能的，因为对象在这里并不是自身被给予的，而始终仅仅是作为一个通过某些关系而与其它对象相联接的对象才得到研究的。在一部现象学的著作则永远不会如此——之所以不会，是因为要通过它的所有命题、概念等等，对象才会被直观到。因而，作者只能进行划界，进行剥离，只能进行纯化并且拒绝所有过早的定义（通过证明这是循环）。即使是那些立即清楚地“作为”图像而给予自身的图像——即不是那些在私下遮蔽实事的“隐秘”图像——，由于它们相互限制对方，在这里也可以被用来达到直观的目的。

当然，由于现象学研究具有最特殊的认识目的，这样也就产生出对如此被认识者之传诉的可能性和方法的最特殊问题，被认识者不应在传诉的过程中受到遮掩。一门哲学，如果它公开地或——在大多数情况下——隐蔽地以此前设为出发点，即：认识的课题仅仅在于那些可以在单义的象征中“谈论”的东西，可以向任何一个人进行社会传诉的东西，可以对其进行“论争”的东西，或者它甚至以此前设为出发点，即：“对象”——这个声音复合——与那个可以被许多个体通过象征而“认同”的东西是同义的，或者，“对象”就等同于那个有可能对其作出“普遍有效”陈述的 X——，对于任何一门这样的哲学来说，上述现象学的问题当然是不存在的。但对于这种社会契约论来说也许会存在着另一个问题：是否在所有这些“说语者”的某一个说话者那里，话语的意义都在一个被给予之物中得到充实；如此获得的对象世界是否不是一个完全无明察、无认识，然而普遍有效的约定神话（fable convenue）；这个——形象地说——支票生意和大话行当究竟能否兑现！现象学原则上拒绝对对象观念的歪曲：这种歪曲首先通过象征而向对象递去那根可认同性的跳绳，然后去证明它就是这样一个对象。这是从对象的本质中推导出可认同性，而不是从可认同性中推导出对象的本质。更不能推导出一个有可能受到普遍有效陈述的对象，或受到所谓在任何情况下“普遍有效的和必然的表象联接”的对象。这是唯一能使一个随意的、无对象、无结果的契约与一个认识区别开来的东西。哲学命题也具有其特别的道德激情。而真切无疑的是：现象学哲学是所有一蹴即就的大话哲学的对立面。在这里，说得少，沉默得多和看得多——包括世界的或许不再可谈论之物。世界存在于此，它可以通过单义的象征而被标识，借助于这些象征而被排列和被谈论，在它进入到这个话语中去之前，它是“无”；这些与世界的存在和世界的意义关系甚微。

因此，对象的本质和存在（它也可以是行为存在以及价值存在和对立存在）的本质绝不排斥这样一种可能：例如唯一的一个人在其唯一的行为中使某物成为自身被给予性；它也不排斥这样的可能：一个特定对象只能够被给予一个人。它不排斥某物对一个个体而言的真与善：也就是说，它甚至本质上是个体有效的，但却仍然是严格客观的和绝对的真理和明察。只有主观主义将对象融化在可认同性中、将真理融化在“普遍有效陈述”中、将真正的明察融化在判断必然性（它的本质是否定性的）中的做法才会排斥上述可能。

但同样，在普遍有效的真理问题上，在对个体有效的真理的理解中（尽管这种有效性是个体的有效性，对它的理解也始终是可能的），对现象学问题的阐述之可能也未被排斥；现象学的对手们乐于做出此种声称，不是为了反驳现象学家，而是为了使他沉默。因为很明显的是，如果一个被 A 直观之物是一个真正的本质，那么这个被直观之物也应当是可以被任何人直观到的，因为它也本质必然地包含在所有可能经验的内涵之中。问题只能在于：在 A 试图向 B 指明那个某物之后，B 却声称他看不见，那么这该如何解释？这可以有不同的原因：A 认为直观到了某物，而事实上他例如只是自身观察到了它；他在现象学的意义上弄错了，他在不具有明察的情况下误以为拥有明察。此外，他的指明方式可能是糟糕的和不足的。B 可能没有理解 A。B 可能自己在现象学的意义上“弄错了”。这里没有“普遍的批判标准”。这个标准只能随情况而定。

当然，由于“现象学的论争”事关非象征性认识，对此认识的传递和组构却又必须使用象征，因而对这个论争的调解较之于对有关事物的论争的调解要困难得多，后者作为单纯的充实可能性已经受到象征和契约的规定。现象学的论争要更为深入和更为彻底。对象征的使用的意义在这里原则上不同于在实证科学中，实证科学是以或多或少随意性的定义为始的。但现象学论争并不是不可调解的——除非是像在个体有效的真理那里一样，论争变得毫无意义，唯一有意义的行为更多地是在于理解：此为真或为善，这仅仅是对于那个也持此主张的人而言。

四、现象学哲学与认识论

1. 认识论的界限和任务

在一个本质要点上，在现象学哲学与所谓“超越论”认识论的不同学派之间存在着深刻的相似性。它们的操作方式具有如此的属性，以至于它们的结论完全不依赖于人类本性的特殊组织，甚至不依赖于行为载者的事实性组织，不依赖于他们所研究的“关于某物的意识”的载者的事实性组织。因而，通过对所谓“现象学的还原”（胡塞尔）的进行，我们在任何一个真正的现象学研究那里都可以将两个事物排斥不论：一方面是实在的行为进行和它的所有不包含在行为本身的意义和意向朝向中的伴随现象，以及它的载者的所有属性（动物、人、上帝）。另一方面是所有对实在性系数之特殊性的设定（信仰与不信仰），这些系数的内涵是随着这个系数一同而在自然直观和科学中被给予的（现实、假象、臆想、错觉）。然而，这些系数本身以及它们的本质在这里始终是研究的对象；被排斥的不是它们，而是在明确的或含糊的判断中对它们的设定；被排斥的也不是它们的可设定性，而仅仅是对它的一个特殊样式的设定。只有那些我们在此之后还能直接发现的东西，即在对这个本质的体验中直接发现的这个本质的内涵，才是现象学研究的实事。

我们在行为本质和在行为的本质“奠基”方面所能够分别发现的东西，例如感知和回忆，它们不依赖于它们载者的特殊组织，并且不会随这个组织的变化而变化。在行为本质和内涵本质之间的本质联系，例如在看与颜色之间的本质联系也是如此。这样，我们便可以发现一个精神的结构联系，这个精神从属于任何一个可能的世界，但又——尽管我们可以在人身上研究它，就像能量守恒原理也可以在人身上得到研究一样，甚至我们还可以像罗伯特·迈耶（Robert Mayer）那样在人身上发现它——完全独立于人的组织；例如它使我们能够创造出一个“上帝”的观念。而在内涵方面，我们可以发现从属于一个世界的本质和联系的结构，对于这个结构来说，我们人类世界的或我们经验环境的所有经验事实都只具有实验性的意义。但这个世界结构和这个精神结构在其本身的所有部分中都构成一个本质联系——并且不可能将世界结构看成是精神所有进行的一个单纯的“构形”，或者看成是我们对一个世界之经验的规律或通过精神一般而进行的经验之规律的单纯结果。在这里，甚至连“自我”也只是世界的一个对象——“内部世界”的构造物，但在任何意义上都不是世界的条件或相关物。

在最仔细地进行了现象学的还原之后，那些作为本质性和作为本质联系而表明和显现出来的东西，通过任何可能的经验研究，通过任何观察、描述、归纳、演绎和因果研究是无法得到证实和得到反驳的，但它们必定在所有经验确定中受到关注。

但在这里，那种使真正的本质性和本质联系得以被直观的方法是这样一种方法:假如问题在于,一个在先被给予性是否是一个真正的本质性,那么明证无疑的是,如果在先被给予性是这样一种本质性,那么任何一个"观察"在先被给予性的企图都会因此而是不可能的,因为——为了赋予这种观察以朝向客体及其实事状态的方向——对一个在客体上的在先被给予之物的实验直观已经被前设了。"某物是一种颜色","某物是空间性的","某物是活的"——这是无法被观察到的;但可以观察到,这个有颜色的表面是三角形的,这个物体是卵形的,这个活的生物有四肢。如果我试图观察前者,那么我会发现,为了划定可能的观察客体的范围,我只能这样来进行划定,即:我观看这个已经被直观到的本质的一切。另一方面,如果问题在于将本质性区别于单纯的"概念",那么本质就是所有那些不可避免地纠缠在一个定义的尝试之中以及从实事本身出发而纠缠到一种循环定义中去的东西。一个本质性本身作为纯粹何物性在这里自身既不是一般的,也不是个体的——概念才使它获得它与对象的关系的意义,即这个本质性是在许多对象那里显现出来,还是在一个对象那里显现出来。因而在这个意义上也存在着个体的本质。但是,我在确定事实性关系的企图中必然已经在利用对在先被给予的联系的直观,通过这种方式,一个本质联系证明它自身不同于任何其它的事实性联接;任何一个证明的企图都无可避免要将在先被给予之物作为证明"所依据"的规律来加以前设,或者说,陷入到一个循环证明之中,而在所谓的因果联系那里是陷入到循环解释之中,通过这种方式,一个本质联系又证明它自身不同于因果可推论的联系。

在这个意义上的本质联系和本质性现在始终具有本然的存在(ontisch)含义。而在这个意义上,精神和世界的存在论要先于所有认识论。

只有当现象学的还原根据确定的次序一部分一部分地重又受到扬弃，并且提出这样的问题：现象学的被给予之物或现象学的可给予之物必须根据行为载者的事实性组织以及根据它们的特殊认识目标而经历哪些选择，对于有关的对象种类来说，存在着哪些此在相对性和此在绝对性的次序，并且它们建立在行为载者的哪些基本特性的基础上——只有这时，认识问题以及评价问题才从中产生出来。只有当行为载者（例如人）本身的基本特性是建立在本质性的基础上（如：有限的精神、生物一般），而非建立在经验规定性（如：感觉的刺激阀、人可以听到的声言范围）的基础上时，研究才属于认识论——它区别于认识技术和方法论。只有这样，下面这些问题才会属于认识论，例如：相似性是否与同一性和差异性一样从属于绝对此在的对象，或者它仅仅从属于此在相对于（daseinsrelativ）生物而言的对象；空间性是否与纯粹广延的红的质性一样是绝对被给予的，或者它是此在相对于生物的外感知而言被给予的。

认识论因而是这样一门学科，它不先行于现象学，或者说，它不是现象学的基础，而是一门后随于现象学的学科。在其最宽泛的范围中，这门理论也不在“理论”的意义上局限于认识，而是一门对客观存在内容一般进行把握和思维加工的学说，例如是一门关于价值把握和价值评判的学说，即评价和估价的理论。但任何一门这样的学说都是以现象学对被给予性的本质的研究为前设。认识与评价也是“关于某物的意识”的特殊形式，它建立在关于事实的直接意识之上，这些事实是在意识中自身被给予的。就此而论，认识——如果对这个词的使用合乎意义——始终与在思想中对被给予之物的单纯再造和选择有关，但永远与制造、构形、建构无关。任何认识（Erkenntnis）都不能没有先行的认知（Kenntnis）；任何认知都不能没有实事的先行自身此在和自身被给予。任何一门主张对象是在认识方法中才受到规定，甚或才被制造出来的认识理论，都是一种与认识的明证意义相背的东西。任何一门“认识论”的情况也与此完全相同，只要它在现象学对精神和实事的被给予性进行检验之前以及在独断论对某一个独立于认识的实在世界之前就想决定一种认识及其如何(Wie)的可能性。那个早已有之、新近又被尼尔逊(Nelson)尖锐地表述出来的指责是无可反驳的：任何一门这样的认识论都包含着这样一个循环，即：为了它所须做到的对一个认识能力的认识，它预设了认识的可能性和认识的某一特定种类。

但这样一种做法可以是有意义的，只要认识论仅仅被理解为是一门关于在判断意识意义上的思维意识与通过前逻辑的本质被给予性及其联系而已经被结合在一起的世界统一性之间的关系——同时，这个世界的某个经验现实属性在这里没有被预设。这样，认识论的特殊任务便在于表明，那个在被给予之物中作为逻辑工作之起点而起作用的东西，同样适用于所有对象领域和所有认识种类。但被给予之物本身并非仅仅“作为”可能思维的起点而被给予(或作为问题)。而同样不无背谬的是，一方面承认刚才所说，即：思维〔例如像海尔曼·科恩(H. Cohen)从他的立场出发所坚持主张的那样〕不是简单地发现了一个完全未划分的“非是”(仅仅作为所有“问题”的总和)，对被给予性的“描述”必须先行于对问题的提出——但同时却又主张：应当受到“描述”的被给予性必须被看作是已经处在——尚待获取的——“超越论”思维规律的统治之下。尽管十分令人欣悦的是，像尼古拉·哈特曼(N. Hartmann)、埃弥尔·拉斯克(E. Lask)，以及在根本有所偏离的意义上理查德·荷尼希斯瓦尔德(R. Hönigswald)这样一些出色的研究者也愿意承认现象学的一个特有领域，即愿意在认识论本身的范围内予以承认，但他们看上去还没有完全弄清，一旦他们做出这种原初对于他们本己的出发点来说是陌生的承认，他们也就丧失了使批判的认识论先行于现象学的权利。[①] 因此，这个令人难堪的“非是”（μη ον）仅仅是作为一个由对象范畴在它本身之中构造出来并加以排列的东西而被移置到对判断意识的“被给予之物”的领域之中——但它没有被认识为是一个错误起点的荒谬结果；在这里，认识理论仍然作为再造而在判断意识及其对象之间得以保留。只有那种原则性的明察，即：所有批判标准问题都至少要以对那些构成批判标准的东西之观看为前设，才能帮助人们摆脱这些半途而废的立场。

可以说认识论始终就是繁复众多的独立问题。它可以转而为各种科学群组提供基础，并且将其被给予性和基本概念时而与自然世界观（科学始终保持着它的“形式”）的相应事实领域相联系，时而与有关事实领域的经过现象学还原的内涵相联系，但在此之前，认识论首先必须一般地澄清在任何一门认识论中得到使用的认识标准。

2. 认识的标准

任何“认识”的绝对标准是并且始终是事实情况的自身被给予性——在被意指者与完全如同被意指的那样在体验（直观）中被给予之物之间的明证相合性中被给予。有关如此被给予的某物同时是绝对的存在，一个仅仅是这样一个存在、这样一个纯粹本质的对象在观念的程度上是相应地（adäquat）被给予的。这就是说，所有在自然世界观和科学中作为“形式”、“作用”、“方法”、“选择因素”等等，同样作为现时性、行为方向而起作用并且因此而在这里永远不会被给予的东西，在现象学直观中是在一个纯粹的、无形式的直观行为中作为部

① 这一观点在恩斯特·卡西尔（E. Cassirer）对拉斯克的最新论述所做的批评中也非常恰当地显露出来。

分内涵一同被给予的(mitgegeben)。一个对象,它只能在这样一种纯粹行为中被给予,以至于在行为的纯粹观念与对象之间不存在任何形式、作用、选择因素、方法方面的东西,更不存在任何在行为载者的组织方面的东西,恰恰是这种对象,它才是并且才叫作"绝对此在"。

与此相反,所有那些本质上只能在一个具有某种形式、质性、方向等等的行为中被给予的对象则是相对的,即此在相对的。它们就那些本身重又本质地从属于形式的认识行为之载者而言是此在相对的。认识这个概念在与对象概念的对立中已经预设了某个生物组织的载者的存在。认识内涵在完全相应性和最完全的还原的情况下连续地过渡为自身被给予性的内涵;然而两者始终又是有差异的,因为认识永远不能成为对象在自身被给予性中被给予的自身存在。

但是,尽管对象种类的此在相对性绝对有别于此在绝对性,它仍然构成一个可以在对所有对象种类而言的,尤其是对于知识论的所有对象和各门科学的所有对象而言的认识论中的阶段区域。在这个阶段区域的认识中,认识论可以发现一项具有几乎不可估量之范围的巨大任务,这项任务至今为止尚未以精确的方式被探究过。各个阶段的区别在于,较为相对的对象束缚在越来越不确定,并且根据其本质而单方面受其它本质性奠基的一个组织的载者之上,同时,我们可以将上帝的观念作为对所有绝对对象的相应认识之载者的极限概念来加以运用。我们可以确定,例如哪些对象完全是相对于有限的认识载者的,并且向诸如"相同性"对象、"规律"对象(首先是等同于作用的依赖性的规律,而后是在时间顺序意义上的因果规律)提出这个问题,向那些作为感知事物永远无法自身被给予的事物的形式,向内感知和外感知的形式差异,向空间性和时间性,向真-假差异等等提出这个问题。例如,"上帝"也需要"规律"吗,或者,对于一个进行大全直观(allanschauend)的生物来说,这些规律可以被撇在一边,它们只是对于有限生物而言的特殊对象?或者,规律,更确切地说,规律的某个特定变种,例如机械因果规律的某个特定变种只是对于那些本身是生物并且具有身体的认识载者来说,甚或只是对于人类组织这个类型的载者来说才成为特殊的对象?纯粹唯名论便持此观点,它甚至将这些载者看作是一种人类感性感知的积累并且认为它们可以被一批(只是不经济的)感性感知来取代。在这些例子上可以看出:在这些问题之间有着细微和丰富的差异,可惜我们不能用一个例子来说明,这些问题应当如何确切地被提出和如何确切地被解决。即使对于每个数学对象,对于集合、群、数,对于几何学对象,我们也只能根据相对性阶段来提出问题,然后才有可能决断,柏拉图所说的"神的几何学"是否合理。

在这里将会表明,提出这样一个问题尤为有益,即:什么东西对于生物一般,并且仅仅对于生物一般,更确切地说,对于某一个是"生命运动"和"生命形式"〔身体性(Leibheit)〕本质的载者的事物,是此在相对的。尽管如此,这样一个对象王国——我们有充分的理由将它们看作是机械物理学和严格联想心理学的整个对象领域——仍然可以完全独立于人的生存及其事实性组织。由于"生命"本身不是一个经验概念,而是一个可直观的本质性,正是在某些对象上对此本质性的直观才使我们将这些对象归属于有机体王国——因而这种本质性先天地屈从于这个存在领域的质料本质联系——这样一个对象王国也可以独立于所有地球生物和特定有机生物一般。这个对象世界的观念内涵,即这样一种完善的科学可以完全独立于我们的感性组织而存在于此,并且原则上可以翻译成感性组织的所有可能语言——但这整个对象世界并不是决定的存在,也不是就一个在康德意义上的纯粹超越论的知性而言的此在相对的存在,而是就一个可能生命一般的基本活动方向而言是相对的。这整个"世界"不是在上帝的眼前消失,而是在一个有限的认识载者(我们想象已经将它的身体完全还原)的眼前消失。

就对此在相对性各个层次的这一规定而言,在越来越宽泛的此在相对性方向上原则上不存在确定的界限。所以我们要强调那些对一个正常的人类组织而言是此在相对的对象种类,在它们之中包含着人的自然世界观的所有内容:天上的太阳和月亮这些可见事物,或者,所有正常的错觉对象,如四边形中较长的垂直线。我们被迫在这个方向上继续前行。有些对象对于特定的种族是此在相对的——它们建立在对世界内容、对内部世界和外部世界的特殊理解形式的基础上,这些理解形式尤其在语言构造现象学中传达给我们;体验的结构局限于特定的文化时代,它们统一地管理着这个时代的文化知识,并且,人们可以在这些文化知识中发现它们。威廉·狄尔泰及其学派以其前瞻性天才企图建立一门作为所有文化科学之基础的现象学世界观学说,这种学说只有在与此相关的现象学研究的基础上才能获得其精确的基础。对象和那些与它们相符的相对于男人和女人而言的体验结构,还有那些内感知和外感知的对象也可以如此得到证明。我们最终例如在一个幻觉对象中发现一个对象,它是相对于一个在特定时间内的唯一个体而言的对象。我已经在另一篇文字[①]中指出,这一考察也有必要针对各种价值进行。

很明显,对象的相对性根本与那个通常是"主观地"被指称者无关,就像这整个学说也与心理学毫无关系一样。此在相对性的这个阶段序列同样对内部世界和自我观察的对象以及自身体验和陌生体验的对象有效,正如它对外部世界的对象或宗教对象有效一样。(例

---

① 参见我在《伦理学中的形式主义与质料的价值伦理学》中的论述。

如，现实的感觉与感觉幻想和感觉幻觉，臆想的痛苦与现实的痛苦。）心理学家受制于他的文化时代所特有的内部世界的体验结构，正如自然研究者也受制于其文化时代的外部世界体验结构一样。十七、十八世纪的联想心理学连同机械论自然形而上学的统治一起，都是这个时代的世界体验所具有的、可以从现象学上确切把握到的结构的结果，同时又可以表明，与这个结果相符合的是这个时代的机械论－个体论社会观和历史观以及表现着在自然神论者的体验中的宗教对象世界的形态。

因而十分要的是，在贯彻对象的此在相对性学说的过程中，对于人类组织的相对性并不起着特别突出的作用，而仅仅构成一个穿越点。尤其是任何一门将所有可认识之物局限在相对于人类组织，甚至完全相对于所谓超越论知性的对象之上的学说（例如，任何一门不可知论，也包括康德的关于"物自体"和人类直观形式的学说，更确切地说是建立在此学说基础上的对假象-现象-质料-物自体的划分），都是明证地无意义的。从就其本质而言完全可认识的绝对对象（这里对这些绝对对象在何种相应性程度上可认识的问题置而不论），直至例如被幻想的对象，所有质料实事领域的对象所具有的此在相对性阶段都可以在各种间隔中得到层次上的划分。因而在这个意义上根本不存在"认识的界限"，而仅只存在着相对于某个行为载者的特定认识种类和认识数量而言的认识的界限——在这里，这个认识种类本身在现象学上的可证明性、一个不是在同一意义上和同一阶段上的"相对"认识，最后还有对那些构造着行为载者的本质性的绝对认识，它们都始终已经被预设了。

所以，那些仅仅是"相对的"东西永远不是在严格的意义上的认识，而只是认识对象的此在和认识的界限。它们——即"这些界限"，而非认识——或多或少是相对的。所以人的自然世界观的"界限"从其内涵来看肯定是存在的。它们的对象被我们称之为“周围世界”（环境），在这些对象中例如不包含任何一种我们从物理学那里所学到的射线种类。因而这个自然对象世界的特殊内涵永远不能被看作是那种必须为科学所关注的被给予性。甚至科学的“事实”——不仅是它的“事物”，原子、离子、电子、常量、力、规律——也永远不会包含在自然世界观的事实中，或永远不会像老经验主义所认为的那样，从自然世界观的事实中“抽象”出来。它们是新而又新的“实事状态”，它们从所有那些被还原为实事状态阶段的和现象学的事实中选择出来，这种选择是根据特定的、有关科学所特有的选择原则来进行的。这些选择原则当然永远不会规定那些实事状态的内涵，但却可以将这些实事状态作为“观察者”的内部规律加以规定：哪些实事状态会成为这门或那门科学的事实，诸如，哪些与颜色有关的实事状态会成为颜色物理学的事实，哪些会成为颜色生理学的事实，哪些会成为颜色心理学的事实，哪些会成为颜色观看史的事实。科学在任何时候，任何地方都不会以所谓“感觉”为出发点，好像它必须为感觉寻找原因一样，相反，科学始终以实事状态为出发点。在这里，感觉本身只是一个唯一归属于科学解释的事实。科学同样也不像老经验主义所认为的那样，以周围世界的内涵为出发点，毋宁说这个内涵对于生物学而言也完全是“问题”和“含糊”？正因为可以解释，我们为何例如恰恰将天上的那个视觉可见事物连同它的所有特殊特征看作是太阳，所以，这个自然事物所具有的任何“特性”才不能被看作是事实，即作为被给予之物而可以被科学用来进行解释的事实。这个事实相反倒是一个科学所解释的事实——正如科学例如要解释彩虹一样。

如果在将自然世界观内涵以及自然语言（它的特殊性又是历史哲学所要解释的）的统一性作为科学“事实”的容器而加以反驳时，马堡学派的代表人物所指的就是这些，那么他们肯定会得到我的赞同。

但他们并不知道，在自然世界观的事实以及相对于特定科学的事实的彼岸还存在着一个纯而又纯的事实领域，这些事实构成一个层次分明的王国——它根本不含有“混沌”（Chaos），更不含有“感觉”——，自然事实和科学事实应当被看作是从这些事实中挑选出来的；他们错误地认为，科学事实是在研究的进程中才作为任务、作为一个须受到规定的X“产生出来”，它们是研究的“终点”，而它们的整个内涵都取决于一个充实作用，即一个无层次的“混沌”对面临的“问题”（“Probleme”，“Fragen”）所行使的充实作用。在这里，问题本身的起源当然还完全没有被理解——但科学的逻各斯披着造物主尊严的外衣出现，原则就是范畴，对“未被规定者”的规定，对那个带有“规定性”而且也缺乏生存的“非是”的生存化（Existentialisierung）和“设定”便是根据这些范畴进行，但它们本身只有在还原的道路上才能表明自身是有关科学的“前设”，甚至是有关科学的“基础”，除此之外没有其它的证明途径。

这个考察在这里忽略了这一点，即：所有这些结构和形式都独立于判断意义上的思维以及独立于纯粹逻辑之对象与原则，它们相对于纯粹逻辑的对象和原则来说是完全偶然性的东西，依附于自然世界观的对象领域，这些结构与形式同样也进入到科学的对象世界之中，同时它们的本质却不会有丝毫损失。事物、作用、力量、因果性、现实-不现实、空间和时间、在其中划分出自然直观的内容，即周围世界（如生物、死物）的自然语言（它可以在定义的含义内涵发生变化——如天上的太阳和天文学的太阳——的情况下保持不变）语词的意义朝向，所有这些都完全保留下来。而科学永远也无力解释这些形式和结构。它所“解释”的只是人的环境的特殊内涵，例如它相对于各种动物种类环境之特殊内涵而言的特殊性——但它永远无法解释恰恰不是相对于纯粹思维和纯粹直观而言，而是相对于生物而言的环境结构一般。原子与那张椅子一样是“躯体事物”，并且与此物和彼物一样是由这些层次所构成：可见事物、可把握事物、物质性、相斥性、空间性、时间性——完全不依赖于我们是否根据我们的感官界限来感觉它们。这是一个躯体事物，而不是一个概念。生理学所陈述的感觉，即感觉具有强度和质性，这种感觉是一个真正的、带有特性的事物，即使对它的设定还是这样一种假设；而科学所具有的最细微的力量概念的对象在自身中所包含的作用现象，与我们在自然世界观中面对坠落在岩石上的瀑布时所看到的作用现象是相同的。任何“规定”、任何概念定义、任何在“假设性地被给予”和“被观察”之间的区别都丝毫不会改变这两个对象种类的结构和构建的同一性。并且，这种同一性永远不会消解在逻辑学和数学中。实在科学本质上始终区分于观念科学。

但是，对观念对象（尺度、连续、数、空间形态）的自然直观和关于这些观念对象的科学、实证数学——它完全不同于数学哲学，即不同于有关数、量、集合、数值等等的本质学说——，不仅仅是对同一种对象的认识，而且自然直观与科学直观一样，也是根据被给予性的同一种本质联系和奠基规律来进行的，尽管数学在规定性和外延方面无限地超过自然直观。从纯粹逻辑学的观点来看，它们的所有对象都是偶然的。与此相同，也存在着建立在“符号”本质和象征作用本质的基础上的严格规律，这些规律在自然语言中同样可以得到充实，并且这种充实并不亚于在学者们以约定为本的术语中所得到的充实——而它们并没有受到任何心理学的“解释”。

因而，自然世界观和科学世界观的对象世界之区别并不在于那些形式和结构，而仅仅在于这两方面的对象的内涵和它们的此在相对性阶段。自然世界观的对象的此在相对性是相对于人类组织——根据那些对象的现象学内涵而言。这正是这个“世界观”的狭隘和有限所在，它本身只是又再给出这样一些东西的框架，这些东西将男人、女人，种族、各个时代文化统一体的体验结构纳入到更高相对性阶段的对象中去。但在这种相对性的每个对象的内涵之“充盈”以及在与此相符的认识“相应性”之“充盈”方面，自然世界观要无限地丰富于科学世界观。同时，自然世界观本质上是一个人类“共同体”的直观，我们将一个人类团体定义为这样一种共同体，它们之间的相互理解建立在对它们的身体表达的表述统一的单纯直观的基础上，以及建立在奠基于此感知上、对在这种表达中被意指的实事状态的共同意指的基础上，并且，这种建立不依赖于对它们躯体、运动和特性的观察，不借助于从这些被观察者中得出的结论。所有人造的术语和所有关于契约的约定本质上都以此“理解”以及以整个团体生存的共同性为前设。自然语言在这里是这种自然表述的最重要种类，自然语言的语词和语句是自然表述的统一，并且是对这种表述的划分。

与此相反，科学的世界观察朝向那些并非相对于人类(homo)组织而言的对象，而是朝向可以——与所有可能的活的组织和其组织差异有关——被看作是“绝对的”对象。因而，它们的此在和属性既不依赖于人的特殊感官组织和运动组织，它们对人的躯体的作用对于所有人的感觉和可能的运动意向来说也不具有刺激值，这种作用与对其它躯体、对感觉的作用一样，严格遵循着同一种规律。正因为如此，同一种对象不仅相互作用，而且还根据同一种规律作用于所有其它生物组织的躯体——当然，对于它们的感觉和运动行为而言，这种作用带有完全不同类型的系统和刺激值。它们原则上也可以根据自然世界观的形式原则和结构原则以及根据逻辑学和数学，从任何一个组织及其特殊的感官机构和运动机构中被获取，并且可以被翻译为任何一种感官语言。我们原则上可以获得关于太阳和行星的知识，即使天空始终被云层遮蔽。我们今天知道有许多超感性的和潜感性的实在，它们的作用对我们的感觉不具有任何刺激值，例如，力学是建立在电子学的基础上，而电子学所探讨的东西对我们根本不具有刺激值；与此同样确定无疑的是，物理学对象的作用对我们具有刺激值，即使它们偶然不具有刺激值，我们原则上也可以认识它们。但所有这一切都不排斥这样一种可能：这个总的对象领域对于身体和生命，对于一个感觉和一个感性，以及对于生命运动一般是此在相对的。但由于这些概念，如现象学所指出的那样，是真正的本质性概念，而不是对世俗有机体的经验抽象，因此，整个物理学和化学世界的此在并不是必然地束缚在这个世俗有机体世界本身的此在之上。但它们却始终束缚在关于生命本质的对象的此在之上。

所有这些构成了科学世界观的广阔性和无限性。科学将我们从人类周围世界的限制中解放出来。但另一方面，科学的世界观在认识的相应性方面和与此相符的对象内涵的"充盈"方面始终是相当落后的。毋宁说，它在何种程度上克服对象的狭隘性，克服对于特殊人类组织的相对性，它也就在同样的程度上是单纯象征性的。

我们注意：认识的相应性和不相应性是认识的一个尺度，它一方面不依赖于认识对象的相对性阶段，另一方面不依赖于所有关于对象之判断的真与假以及不依赖于在纯粹的和所谓"形式的"逻辑之意义上的判断正确性。任何意指行为之相应性的一个界限以及与其相符的对象的绝对充盈在于对象的绝对自身被给予性。这同样也对所有带有图像内涵和含义内涵的行为有效；后一种行为不是纯粹符号性的，而是能够通过无图像的并常常在此意义上被称之为"非直观的""含义"而得到充实的。任何意指行为的另一个界限是这个仅仅是意指性的行为的绝对不相应性，对象作为"仅仅被意指的"对象，作为一个符号或象征的单纯所属的充实而存在于此对象之中。所有相应性的可能程度都处在这两者之间。如果这样一个相应性的程度只有通过对许多行为的比较才得以可能，在这些行为中同一些对象带着不同的充实程度而被给予，那么每一个行为天生都会获得一个特定的充实和一个特定的充盈。

首先，对象的相对性阶段完全不可能回归为绝对对象在其中被给予的单纯的相对性区别和与此相符的充盈差异上；或者反之，也不可能将具有更丰富之充盈的对象规定为一个在对象的相对性阶段中更接近于绝对对象的对象。这两个认识标准毋宁说是完全独立可变的——只有在自身被给予性中，绝对对象与被给予性的完全相应才是一致的。因此，例如一个仅仅对于一个个体而言的相对对象，如某个强迫观念或某个幻觉的对象，原则上同样也贯穿于相应性的所有等级，并且在所有充盈等级中都是当下的。[①] 幻觉的个体可以在一个被幻觉到的椅子上注意到和关注到这个或那个特征，可以或多或少地从它那里获得直观，甚至还可以在看和摸的过程中或深或浅地进入到属于此对象的可见事物与可摸事物之中。在相对性的所有阶段上和在对象领域的所有质料种类方面都是如此。阿波罗和宙斯是相对于希腊民族而言的宗教对象。但在希腊人中，对这些神祇之直观相应性的程度肯定各不相同，对这些神祇之神性的充实相应性的程度也肯定各不相同，也就是说，希腊人的虔诚性是各不相同的。

尽管一个对象在充盈中以及在此在相对性阶段中的变化是独立的，此在的充盈和相对性仍然在另一个方向是相互依附的。此在相对性本身不能提供任何东西；它们说到底只是对绝对对象之现象内涵的选择。例如，各种不同种类的生物的周围世界，包括人的周围世界，都可以被想象为是被包含在绝对世界之中的，只要它们被想象为

① 直至自身被给予性，在自身被给予性中，“我幻觉这个对象”连同其所有直观特征的充盈都成为完整对象。这样，这个对象便是“绝对对象”。

已经受到了完整的现象学还原。它们都体现着从这个经过现象学还原的世界中被挑选出来的王国。因此可以说：一个对象的任何此在相对性阶段与这同一个对象的较小的此在相对性相比，包含着整个世界或世界事物的较少的充盈。对一个更为相对的对象的任何认识都作为对一个较少相对的、较为接近于绝对对象的认识而是对此世界的较为不相应的认识。就此而言，整个此在相对性的阶段序列可以还原为世界认识和世界充盈的各种相应性差异和与其相符的充盈差异。①

但一个认识的相应性和不相应性同样独立于对一个对象所做判断之真与假的认识（更独立于"正确性"）。因此，我们不能像斯宾诺莎所做的那样，在真与假这样一个绝对的对立中划分等级，并且将相应对象的真实认识与不相应对象的虚假认识等同起来。因为很明显，认识的某个随意大的相应性和对象的充盈既可以与真实判断，也可以与错误判断联接在一起。判断不是对那些出自对象而被给予的东西所进行的判断，而是对对象本身连同它的所有特征所进行的判断。只有在自身被给予性的情况中，判断才不仅仅为真，而且是明晰地为真。此外，判断也可以为假，甚至在相应性程度很高的情况下也可以为假。反之，即使对象作为只是被意指的和在充盈上完全空泛的对象而存在于我们面前，判断也可以为真。一个计算器的运算结果和人根据他的计算而得出的判断一样为"真"。——但同样不能据此而将对一个对象之认识的增长着的相应性回归为一批对这个对象

① 一个对象的充盈不能被还原为我们对它进行观察的次数，毋宁说，观察的内容与次数取决于对象在其中被给予的那个充盈。充盈更不能被还原为我们对对象的感觉。毋宁说，充盈，例如一个具体的躯体事物在被给予时所带有的那种充盈，共同规定着在此事物的充盈上进入到属于此事物的可见事物、可摸事物、可听事物之中的东西。并且与此充盈相符，对此事物（或过程）的看与听在感觉相同的情况下重又可以是或多或少相应的。

的真实判断。我们只能说,对一个对象的较为相应的认识与一个与其相符的对此对象的真实与虚假判断所具有较大的充盈会提供较多的机遇,更确切地说,在这种情况下会“有”更多的关于这个更具充盈之对象的真实和虚假的“自在定律”(在鲍尔查诺的意义上)。

几乎无须说,真与假也与对象的相对性阶段毫无关涉。一个幻觉者,如果他幻觉一张棕色的椅子并对它做出“这张椅子是黄色的”判断,或者将它归属于“桌子”的概念,那么他是在做一个虚假的判断;相反,“这张桌子是棕色的”或“这是一张桌子”,这样的判断则是真实的。因为在每一个判断中对象的实存,即它的主体的实存都一同被设定,但它的相对性阶段却绝没有被一同设定。谁会去怀疑,在一篇关于宙斯和阿波罗的神话学论文中既可以做真实的,也可以做虚假的判断?不言而喻,对那些相对于人类组织而言的自然世界观的事物,同样也可以做真实和虚假的判断,正如可以对不是相对于人类组织而言的物理学事物做真实和虚假的判断一样。谁如果在太阳尚未升起时说,“太阳已经升起”,他就是在做一个虚假的判断——而如果他说,太阳尚未升起,那么他就是在做一个真实的判断。尽管如此,在自哥白尼以来的科学世界中就不再有落下和升起的太阳,而只有一个地球围绕旋转的轴心。因而,如果说“真”与“假”这两个词的意义只能通过对科学及其对象和方法的观察才能澄清,那么这种说法就显然是荒谬的!

由此而得以明晰的还有:如果我们具有 A = B、A = 非 B 这种形式的两个相互矛盾的定律,那么只有在这样的条件下,才必然有一个定律为假,这个条件即是:在这两个定律中的 A 标志着在同一个相对性阶段上的对象。否则这两个定律都可以为“真”并且都可以为“假”,同时却并不因此而损害矛盾律以及作为其基础的一个对象的存在和不存在之不相容性的本质联系。这是一个对于认识论具有最为重要意义的公理，而且也是一个已被康德在其二律背反中正确运用过的公理。

我们最后要区分三种谬误（Täuschung）：误以为一个对象 A 处在相对性阶段 R 上，而实际上它是处在相对性阶段 R_{-1} 或 R_{+1} 上（在这里 - 代表递增的阶段，+ 代表锐减的阶段），任何一个这样的误认都被我们称之为形而上学的谬误；而将一个非相应地被给予的东西误以为是自身被给予的，任何一个这样的误认都是一个认识论的谬误；误以为一个对象 A 在被给予时所带有的充盈与一同被给予的对象 B 完全相同，尽管它是以减少的或增多的充盈被给予的，任何一个这样的误认都是一个通常的谬误。

但是我们将整个谬误领域区别于那些仅只存在于判断和实事状态的关系之中的可能的错误（Irrtum）。与错误相反，谬误始终发生在实事如何被给予的方式中。

人们现在可以注意到：只有当 1）在对象方面不发生谬误；2）判断所指的实事状态存在；3）判断是“正确”的情况下，判断才是绝然为“真”的。而如果这三个条件中的一个——无论哪一个——在判断中未得到满足，判断便为“假”。只有当最后两个条件不成立时，人们才能有意义地谈论“错误”，更确切地说，在缺乏第二个条件的情况下所涉及的是质料错误，在缺乏第三个条件的情况下所涉及的是形式错误。因而，一个判断以及与它相符的“定律”既可以根据一个错误，也可以根据一个谬误而为假。但一个谬误永远不会建立在一个定律的虚假性之上，更不会建立在一个错误之上，它同样也不会被对一个定律的错误认识和虚假认识所扬弃。所有谬误都在这个意义上是前逻辑的，并且完全独立于判断领域和定律领域。但在一种意义上，所有虚假性都建立在谬误之上，所有真实性，甚至包括有“真实性”这样一个真实性，都建立在明察的基础上，与此相同，任何一个错误都建立在自身谬误的基础上，即建立在这样一个自身谬误的基础上：对于一个判断来说，存在着被它所意指的实事状态，而这个实事状态却并不存在（质料错误）；或建立在这样一个谬误的基础上：这个不正确的判断是正确的（形式谬误）。

如上所述，现在只有相对的相应性的"通常谬误"才会导致虚假判断。形而上学的谬误——例如认为力学物理学的对象是绝对对象——根本不会在这个意义上影响这门科学的定律的真实性和正确性，即：如果谬误被看出，它的逻辑内涵就必然会改变。因此，无论物理学家将他的对象归属于哪一个绝对性阶段，无论他是否例如相信——用彭加勒（H. Poincaré）的出色比喻来说——世界对于上帝是一盘"弹子球游戏"，或者无论他是否像马赫那样（他的错误并不小一些）将他的对象看作是用来简化感觉复合的纯粹象征，这在物理学上始终是无关紧要的。在这点上，实证科学的代表人物会因为他们的结论独立于哲学论争而感到由衷的高兴。但他也不会看不到，他的定律的真实性局限在他的对象的相对性阶段之内，即局限在他的谬误所涉及的那些对象的相对性阶段之内，这种定律的真实性不会扬弃他对世界所犯的基本谬误——而且这种真实性和一致性原则上并不能将他与那个对其幻觉世界中的对象做出真实和正确判断的幻觉者区别开来。人可以是一个无比伟大的学者——同时却又是一个智者的反面，即一个哲学傻瓜。因此我们不得不说：这样一个物理学家的定律在形而上学方面完全是虚假的，即使它在科学上可以是完全真实的。他的"科学"本身在他赋予此科学的认识作用中是一门虚假的科学，并且只有通过对那些错误的扬弃才能成为一门真实的科学。

另一方面，任何质料错误本身都建立在一个形而上学谬误的基础上，即这样一个谬误：被意指的实事状态现存于（bestehen）对象的一个相对性阶段上,判断者实际上与这个阶段有关,无论他是否知道这个阶段本身。在被意指之物存在的意义上,所有实事状态例如都是在谬误本身之中的实事状态;但并非所有实事状态都“现存”。而唯有它们的“现存”——它们的存在或不存在的不相容仅仅是对于同一个相对性阶段而言,无论是哪一种相对性阶段——才构成判断的质料真实性。因而这个作为任何质料错误之基础的谬误在于:人们在判断中意指一个实事状态,这个实事状态“是”在一个精神上可见的存在层次上并在这个层次上被意指,然而这个实事状态却并不是在这个层次上。

而在形式意义上的错误则是建立在一种认识论谬误的基础上。对于有关定律的真实性一般而言,逻辑原理和定律在概念、判断、推理中的实现是一个独立于质料真实性的条件,所以这些原理和定律本身不又在同样的意义上被称之为“真”,正如它们的现存对于真实定律来说是条件一样,正如它们在思想中的实现对于判断的真实性来说也是条件一样。但它们仍然在真这个词的坏意义上为“真”——这个意义要先于对一个定律的质料真实性(=那个被它所意指的实事状态)和正确性(纯粹逻辑定律在有关逻辑构成物的所有统一中的可实现性)的区分:它们是“明晰为真的”,也就是说,它们的真实性是在它们之中自身被给予的。

3. 科学论的两个基本原理

我们现在回到“科学”及其对象上去。我们看到,科学的对象是在一个与自然世界观不同的相对性阶段上。它们是“绝对在此的”,即在人的组织方面是“绝对在此的”;但它们在生命一般方面是相对的。科学克服人-周围世界的内涵,甚至根据那些不包含在生命之中的事实来解释这些内涵。但科学所做的解释是相对于生命的,并且坚持一个周围世界一般的形式规律和结构规律。因而我们恰恰可以这样来定义科学：

科学是周围世界认识。它与哲学处于对立之中，后者是世界认识（或“世界智慧”）。

现在可以理解我所说的话：科学认识的相应性必然会根据被阐述的认识标准关系而减弱，其减弱的程度与它的对象独立于人的周围世界内涵的程度是完全相同的，也就是说，科学认识的相应性在完全相同的程度上是借助于象征的认识。由于对象的此在相对性完全可以回溯到世界事物的充盈和认识相应性上，并且由于自然对象更含有充盈，所以自然世界观原则上比科学更接近于世界事物及其充盈：相对于世界事物的进入到科学内涵之中的整个充盈而言，世界事物是更大的充盈——当然前一个充盈是根据单纯人类组织的选择规律挑选出来的。自然观点的对象是人的周围世界——但却是这个周围世界中的世界的内涵。科学的世界是独立于人及其组织而存在的世界——但却仅只是在其充盈中的一个周围世界一般的结构。在科学中可以看到一个狭窄而有限“日景”，在自然观点中可以看到一个宽广而无限的“夜景”——这两者显然都不是哲学所追寻、世界智慧所追寻的东西。因为它所追寻的东西是一个宽广而无限的日景，当然也只是限制在世界的本质性和世界存在的本质结构上。绝然世界在其绝对对象性中和在其充盈中对于有限的和切身的本质之认识来说始终是超越的。它是——上帝的世界。

但在“科学”中还包含着其它的东西。正如它的事实不是产生于自然世界观的事实领域一样，它的概念设置也不产生于自然语言及其统一和句法的含义领域。毋宁说，科学的本质在于，人造的符号和关于其含义的约定（契约）被制造出来，对它们的选择要满足以下两个要求：一方面，可以通过它们来单义地标识所有对它来说重要的事实(所有事实可通过符号而被规定的原则);另一方面,对它的这种符号和约定形式的选择要尽可能少,但同时它们所标识的事实数量和它们的联接的数量则要最大(经济原则)。根据这些被我们称之为"科学"的团体之状况的基本原则,一些学者做出上述约定,这些学者本身不构成任何一种共同体,而只构成一个人造的会社,我将它理解为这样一个集团,它的成员相互间不具有自然的理解(在前面所规定的意义上),只是根据特定的符号才进入到对他们的判断的相互理解关系之中。因而,为了使一个事实成为科学的事实,不仅第一要根据自然世界观的结构形式,第二要根据有关科学的特殊"原则"来选择事实,而且第三还要根据科学团体的上述基本规则,通过符号来单义地规定事实。

在确切意义上的认识与自然世界观的认识这一方面,以及它与哲学(它很少受到充分的观察)另一方面的本质区别也正在于此。哲学认识就其本质而言是一种非象征性的认识。哲学追寻一个本身就是如其所是的存在,而不是那个作为单纯的充实因素而对于分配给它的象征所展示出来的存在。因而哲学在实事上既不能预设自然语言及其概念划分的现存,更不能为其研究预设某个人造符号系统的现存。哲学的对象不是可讨论的世界,即不是一个个已担负起如下责任的世界:关于这个世界,必定有一种单义的理解是可能的,必定存在着在一个或多个个体的多个行为中进行的对此世界内涵的单义规定;哲学的对象也不是在获得一个"普遍有效的"可认识性的目标之后并根据这个目标的获得而已经被选择和被划分的世界内容——哲学的对象是被给予之物本身,连同所有可能的符号对它的影响。当然,哲学在获得这个目标之后也需要运用语言,无论是在启迪学的意义上,还是在阐述的意义上——但永远不是为了借助于语言来规定它的对象,而只是为了使那个本质上无法通过任何可能象征而被规定，因为其自身已经通过自身而得到规定的东西被直观到。哲学运用语言是为了在研究的过程中从其对象中删除所有那些仅只作为一个语言象征的充实的 X 而起作用，因而不是自身被给予的东西。对于自然世界观来说，世界恰恰可以说是仅只作为对可能的语言象征的充实而被给予。因为哲学家绝然地反对那种将被给予之物仅仅作为这样一种"充实"来被给予的趋向，所以他找到那个可以说是尚未与语言接触过的前语言被给予之物；并且他还看到，在这个被给予之物中哪些东西作为单纯语言充实而起作用。恰恰通过这种方式，他发现语言的权力及其充实性的和划分性的力量。但哲学家更不能在科学的意义上运用科学的人造语言，不能运用可以通过一个人造符号系统对事实进行单义的规定这样一个前设。

现在我们应当明白：所有事实的单义可规定性定律，以及科学团体心态的第二定律与我们至此所知道的认识标准处在什么样的关系之中？这些认识标准是：1.自身被给予性，2.认识的相应性，3.对象此在的相对性阶段，4.素朴的真实性－真，5.质料的真实－虚假性，6.正确性－不正确性。以此顺序排列的各标准构成了一个序列，它具有这样一个特性：后续的标准的各个意义预设了先行标准的意义：相应性和充盈的概念只有通过认识对自身被给予性的接近才获得意义。一个对象的此在相对性可以被回归为世界事物的增长与削减的充盈。素朴单义的真就是在判断中被意指、在定律中被设定的事实状态与现存的事实状态之相合的自身被给予性。质料的真－假预设了素朴的"单义的真"并规定着素朴的真实定律与各个判断对象之间的关系。而"正确性"则被归属于主体的操作过程，即被归属于判断行为，只要它能够导向素朴真实之物。

但现在很明显，被给予的认识可以根据所有这些标准而得到规定，而在此期间，在这个认识中被认识之物却可以不受到单义的规定和尽可能经济的规定。这就是说，根据这些标准，通过可能符号（因为在谈到明晰性的地方总会有符号作用，它本身建设一个现象学的材料并具有它自己的本质规律）得出的规定性所具有的单义性和多义性在实事上丝毫不会改变认识的勘查性价值。因此，那些定律严格地看根本不是认识理论的定律，而是建立在关于符号本质的哲学学说基础上的科学团体的基本信条。也就是说，它们不属于认识论，而属于科学学：认识论的一个实用领域。因而原则上可能存在着一个根据所有这些标准而被完善了的对此世界的认识——同时却连一个有关的对象，连一个事实也未受到单义地规定。概念、规律判断也与对其对象的单义规定和表述丝毫无关——只有错误的唯名论才不断地混淆对概念的尽可能节省和单义的标识与用这些概念对规律所做的表述；混淆尺度的标准方法、被运用的标准统一和对它们的计数方式与实事本身的尺度规定性；混淆一个逻辑原理例如在象征逻辑学中所披的外衣与这个逻辑本身；①混淆对我们在很少的原理、很少的尺度并在很多复杂的推理中，或在较多的独立原理和较简单的推理中得出的机械认识的阐述与独立于这些阐述的认识内涵和真理内涵。

当然，另一方面，在一个巨大的符号系统中根据约定的符号联接规则和复合符号因素的联接规则也可能存在着对世界内容的一个严格单义的排列，以至于我们通过这些符号的联接可以单义地规定事实以及事实之间的所有联系——同时，在如此获得的（在数学"反映"的意义上的）事实"图像"中却无须包含任何根据某个上述标准来衡量的"认识"。单义的规定和经济的排列恰恰本来就与认识毫无关涉。如果世界内容在这个意义上受到单义的规定，并且如果每一个

① 尤其不能认为，"事实可以通过符号而被单义规定的原理"与同一律是同一的。

复合事实以及事实之间的每一个复合相关性都借助于这些符号的组合以及借助于它们的例如类似于象棋游戏规则起作用的操作规律而得到阐述，那么对世界的认识并不会因此而以任何方式得到扩大。但也许会随之而产生这样一种可能性：针对每一个实际提供的复合事实及其结果，预先筹划出一个象征的模式，并且在这个模式上——正如工程师和建筑师在他们计划上所做的那样——将所有那些应当部分属于此方案实施的东西直观化，并且预见到这个模式将如何起作用。这就是说，这里产生出一个怪论：对于统治事物这一实践目的来说——甚至对于所有可想象的统治目的来说——，这样一种理想单义的对世界内容的排列以及对内在于它的各种借助于符号的联系的排列是完全足够了；就像正常起作用的信号已经足以使扳道工在看到这个或那个颜色的信号时扳这个或那个道岔，他无须知道驶入的是这辆还是那辆列车。因而，一个彻底的"实用主义者"可能会满足于对这一任务的解决。因为很明显，纯粹的认识（根据上述标准）本身对于所有技术行为而言都是毫无意义的。只有当相同性和相异性，或者被认识的对象的其它关系设定了相同的和相异的行为反应，确切地说，设定了与这些关系相符地被分派的各种行为反应，纯粹的认识才会有意义。因此，如果被认识的对象及其关系被某些单义地分派的对象象征和关系象征所取代，那么这就是一个可能的实践目的所能要求的一切。但这个象征系统根本不含有任何认识。当然，这样一个对世界单义排列的符号系统只是作为理想而存在。但这里的问题不在于此。这里需要表明，这两个任务原则上是多么根本不同和多么相互独立：认识世界和单义地排列世界。

在现象学家看来，所有错误中最大的错误就在于：像马堡学派的最坚定的代表人物所做的那样，将科学团体心态的两个信条置于认识论的顶端，并且最后把世界本身的存在等同于通过科学可单义被规定的东西。这种做法的结果无非是:科学团体的一个基本信条被看作是存在本身的条件。那些在认识标准的序列中最后才出现,并且对于认识价值来说实际上无作用,而只对有关认识对于科学的相属性起作用的东西,现在被排在了第一位——而那些不能被证明是可以单义规定的东西,也就不能被看作是存在。这样也就不奇怪,这里竟会谈及在思维中对存在的制造,而康德的命题"知性为自然规定法律"又被大大地抬高了一番。因为不仅"制造"取代了"规定";而且康德将其作为被给予而与思维相对置的东西,即认识的直观形式和质料要素,被看作是一个可以通过思维而被规定的东西。但如果我们注意一下这些说法,我们就会得出对这些关系的根本不同的另一种理解。一个规定所能赋予的唯一东西,并不像康德所说的那样是"自然"和对象与事实,而仅仅是我们运用于它们的符号。所有其它的东西都必须被看作是"被给予的"。"知性"——用康德的话来说——不创造任何东西,不制造任何东西,不构造任何东西。

4. 先天与被给予性次序

康德称之为"直观和知性之形式"的东西,对于现象学经验来说还是可证明的被给予性。当然,这种被给予性永远不会在自然观点中和在科学中"被给予",但却可以作为选择原则和选择形式而在它们之中起作用。

这意味着什么?这意味着,存在着一个固定的奠基次序,根据这个次序,现象在两种经验中成为被给予性,以至于如果现象A不"在先"——在时间顺序中——被给予,现象B就不会被给予。因而,空间性、事物性、作用性、运动、变化等等不是通过作为其联系活动之综合形式的所谓"知性"而被附加给一个被给予之物,同样不是被抽象出来的——相反,所有这些都是特别种类的质料现象:每一个对象都是仔细而严密的现象学研究的对象。任何思维与直观都无法“制造”或“构造”它们，所有这些对象都是作为直观材料而被在先发现的。但自然经验是这样一种经验，这些现象在它们之中必然已经被给予，然后才有其它的现象被给予，如颜色、声音、气味质性和口味质性。所以，空间性的被给予要先于和独立于空间中的形态，先于和独立于某个事物的地点和状态，更先于和独立于质性。所以，某个物体事物的事物性、质料性、物体性要先于它的何物性和它的在质料上充实的特性。所以，直接的运动现象要先于地点的差异性和对运动物体的间接认同，甚至先于对运动物体或仅作为物体，或作为事物，或作为可见物（如运动着的影子、光带）的把握。所以，形态（Gestalten）是独立于那些进入到它之中的质性的相互关系，并且先于和独立于这些质性本身作为同一的、不同的、相似的等等而被给予（比勒）；所以，直观性的相互关系，如“相似的”，要先于和独立于相互关系的载体，但却是对那些进入到对这些载者之直观内涵中去的东西的选择原则——也就是对那些可以作为这个被直观的相似性之基础的东西的选择原则。在这里展现出一个关于自然感知的被给予性之内在构成规律的巨大研究领域——它远远超出康德所做的那些部分正确，部分错误的确定，并且更深地进入到质料之中。例如我们将颜色物理学与光学相结合，这种做法的最终根据在于：在被给予性的次序中，关于亮度值和亮度值差异的经验要先于对颜色质性的经验，对一个固体事物之统一（颜色只是作为象征而作用于这个统一）的经验，以及最后，对空间广袤（不是广袤本身），即对一个面积的经验，要先于对颜色质的经验。所以才有可能——我对所有这些前设的列举并不严格——将物理学中的颜色现象看作是一种带有各种不同部分成分的各种不同折射光线的固体介质和各种不同光束的附属物。

假如这个选择次序已经被确定，那么，只要一个认识质料必定是在这个被给予性的次序中被给予，这个认识就是“先天的”，在这个对象方面的认识就是先天的：

几何学和数学对于所有关于自然现象的认识是先天的，故而也就对于整个物体世界来说是先天的，因为这两门科学（超越出纯粹逻辑学的被给予性之外）为构造其对象而预设的直观质料在每一个对物体的可能感知、表象、还有想象的构成中都具有一个明确被规定的层次。集合论相对于几何学和数学而言是先天的，因为在其直观被给予性中，研究的对象是处在时空上尚未确定的纯粹相互分离中的较多数之间的单纯的关系，但这种被给予性也以某种特殊的相互分离方式，根据被给予性的次序，隐藏在诸因素的所有多数中——并且，时间流型的次序一同构造着数。

力学的诸原理之所以不会通过对处在运动中的物体的观察而受到更改和反驳，并且对于此物体来说是先天的，这是因为这些原理已经通过纯粹的现象（死的）运动——对这个运动的把握并不需要一个物体或一个事物，而只需要在空间充实的可逆转换中对“某个固定的东西”的认同——而得到了充实，但这个数据却要先于任何可观察的物体运动的被给予性。某个固定的东西的不可逆转换提供了变化的图像。因而我在想象中也无法表象对任何可能的物体运动的观察，即这样一种观察，它的进行可以为取消那些叫作“力学原理”的命题提供根据。

死的运动之本质在于：包含在所有运动中的因素，即：(1)趋向和充实，(2)对逻辑对象的直接认同，(3)地点更动的连续性，它们的被给予都奠基于一个（亦即已被给予的）地点更动之上。在这里就像在生命运动的情况中一样，我们没有看到，任何地点更动的差异性都建立在一个在先被给予的趋向更动之上，相反，任何趋向更动和方向更动都建立在一个已被给予的地点更动上。对象趋向于从 A 点到 A_1

点,因为它(作为直接被认同的)在经过一段时间之后在 A_1 上。所有方向规定和趋向规定都可以说是事后(post festum)进行的或在对短暂被给予的地点的回顾中进行的。相反,在生命运动的情况中,我们在直观中原本地跟随趋向,并且还可以看到,它将对象引向何处。在这里,地点更动作为直观是"自身运动者"之运动的"结果"。由于我们的精神,在死的运动的情况中仿佛是先行于运动者,它首先看到的是在下一个阶段中将被充实的那个点,因而,即使那个身处运动中的事物实际是静止的,这个对死的运动之理解的内在规律也没有界限。这就是说,对于静止来说,必然存在着一个肯定的理由:一个阻止继续运动的原因。在这个原因中,惯性原理的一个组成部分已被给予:不需要一个新的动因就可以使一个处在运动中的物体保持运动状态,但却需要新的动因来使它过渡到静止。因此,导致这个定律的不是充分理由的原理,更确切地说,不是匮乏理由的原理,而是对这个原理的被给予的现象学明察。这个原则所陈述的运动的直线性也是明晰的:如果一个运动经验建立在被给予的某个固体事物的地点更动之上,那么运动趋向就必然在任何时刻、任何阶段都是直线的;因为两个不同的地点必然是并且始终是可以由一条直线相连接的,即由这个直线性的线相连接。因而,无论物体根据我们的观察实际上如何运动:由于死的运动这个现象的本质在于,轨道是直线的轨道,而物体统一的本质在于,是一个固体物体的统一,所以每个可能的物体运动都必定是可分解的,从而使这个定律始终能得到充实。类似的东西也对死的运动的方向同一性有效,这种同一性始终建立在被经过之路段的平行性上。最后,相似性,即在相同时间内被经过之路段的相同性也可以从一个死的运动的本质图像中明证明晰地得出。我们可以将每个直线路段划分为相同的部分;这在几何学上是明证的。如果我们使这些相同部分所标出的轨道的点距与不同的时间间距相符合，那么同一个运动就不再是同一个通过“固体”这样一个质而得到空间充实的变换的基础。但所有运动现象都奠基于在一个在相互分离的杂多性中的可逆变换更动的现象之中。而在相互分离中，被给予之物，即那个在不可逆的变换过程中成为一个空间块的时间性的质的变化，在可逆的变换过程中成为空间中的一个某物的运动的被给予之物，它还没有在空间杂多性和时间杂多性中得到区分。每一段同一的距离都还可能成为空间距离和时间距离。但这意味着：运动建立在变换之上，每一个变换阶段都至少有一个运动阶段与之相符，在这个运动阶段的各个部分中，相同的空间距离必然与相同的时间距离相连接。

我们甚至还可以从一个死的运动的本质图像中看出很多东西；我不打算继续探讨。始终有效的是：对于死的运动本身的本质来说明证真实的东西，对于所有可能可观察的物体运动来说是先天真实的，因为这些运动的可能被给予性是与死的运动的这个本质的被给予性相连接的。

因此，我们已经看到，先天原则上不是附属物，不是我们精神的联接产物，而仅仅是这样一个原因的结果：包含在世界中的事实——所有这些事实都被想象为经过了现象学的还原——在一个确定的次序中被给予我们。

五、现象学与科学

现象学哲学要求能够提供纯粹的、无前设的和绝对的认识。恰恰因为实证科学不这样做和不能这样做，所以现象学哲学作为一种独立的认识方式与实证科学相对立。

然而不可避免的是，现象学现在也指明，如何达到实证科学的问题和认识论目的。我必须诚实地承认:现象学至此为止还缺乏对这个任务的解决。由此而产生出这样一个状况,就好像对任何一个问题都有一个现象学的真理和一个实证科学的真理——即两个真理。仅仅说:实事在"生成"上是这样或那样的,但现象学家恰恰对此不感兴趣,这是不够的。最后还存在着一个完全天真的问题:谁有理?究竟在现象学上被完全还原了的对象世界是最终的、绝对存在的和真实的世界——还是对于自然来说,物理学、化学、生物学所声称的那些东西,对于心灵来说,经验心理学、发生心理学所陈述的那些东西才是最终的、绝对存在的和真实的世界?如果现象是绝对存在者,那么所有其它的东西都可以回溯到它们之上——现象学怎么能够逃避这一任务?而相反,如果现象只是"显相"(Erscheinung),实证科学和一门包容它的理性主义形而上学可以在这些"显相"后面发现或构造所谓真实之物和现实之物,那么现象学也是一种世界的表面观(Vordergrundansicht),而现象只是事物和力量的绝对实在因果连结的表面现象。

现象学家当然坚信第一个立场。但仅仅坚信是不够的。如果他不能从他的立足点出发去包容科学及其世界并表明它们的意义,那么他也就不必惊异别人会说:你们"只是"与"现象"打交道——,也就是说,在"现象"这个词中已经放进了"单纯显相"的意义。但现象学恰恰想成为"现象主义"的对立面,即成为这样一种学说的对立面,这种学说声称我们的认识只是关于所谓在现象后面存在的实在之"显相"的认识。现象学甚至想指明这种区分是如何形成的。(歌德的颜色学。)但它也需要指明,从它的事实出发如何达到解释科学的基本概念,例如达到力学的自然解释的概念,实证生物学的基本概念:生命、周围世界、刺激、反应、死亡、生长、遗传,达到描述心理学和解释心理学、文化科学和精神科学的基本概念。

在这里需要简单地考察一下力学自然观的问题——大致地说明它的基本思想。

如所周知，对于力学自然观的意义和认识有效性有各种极为不同的哲学见解。我们可以有选择地列出以下类型：

1.一些哲学家，新近有冯特、明斯特贝格、纳托尔普，他们认为根据逻辑学就已经设定了自然科学的理想：所有自然现象和自然变更都可以被回归到那些依赖于运动的东西之上。他们认为，力学观点就等于是自然的唯一“无矛盾的观点”。一个特定的声音、一个特定的颜色对于两个听到和看到它们的人来说，要想得到严格的认定只有通过以下的方式，即用对此声音和颜色的力学定义来取代这声音和颜色。思考自然和力学地思考自然，对那些研究者来说是同义的。因而对于他们来说，质料、价值和形式的所谓主体性，尤其是有机体形式的主体性，不是通过物理学和生物学的结论才被要求，而是在逻辑上就已经被要求的。他们在这个前设下将哪些实在特征归属于这些对象，这是另外一个问题，这个问题取决于人们是否相信思维具有设定一个实在之物的能力。但如果人们认为思维有这个权利，那么人们就必须把这个力学过程也看作是一个绝对实在之物。屈尔佩(Külpe)和施通普夫的意向便最终在于此——与冯特相反，后者由于他的唯名论而未摆脱这一结论(物理学家中的普朗克)。

2.康德没有走得如此远。对他来说，力学自然观是这样两个前设的结果：第一，空间和时间是直观的形式，这些形式及其规律要先于质性，第二是超越论逻辑学的构造原理的结果，这些原理严格地看已经将这个自然观所导致的一切都包含在自身之中了，尤其包含了一个在空间中持存之物的守恒原理以及时间顺序和相互作用规律的原理。不难指出，力学自然观在自身中包含着这两者。因为只有在运动现象中，贯穿在这个顺序中的对象的各个阶段的时间顺序才被给予，同时它的空间规定性和同一性的严格连续的、有规律的时间顺序也才被给予。这个时间顺序不具有质性顺序所包含的那种状态变化，质性顺序既可以间断地，也可以——在状态变化的情况下——无规律地进行。对康德来说，质性、价值、形式也始终是主观的。但由于他认为空间和时间不同于人的感性自然组织，而是人的直观形式以及人的超越论组织的直观形式，所以力学过程始终是此在相对于人的。“物自体”的领域独立于人，实践理性将其假设对象置于这个“物自体”领域之中。

3.还有一种与第一种类型相对立的哲学见解，它将力学自然观仅仅看作是一种历史的偶然，因而这种自然观令人感动的地方在于，它首先研究运动现象，然后用较为熟悉的东西来“解释”相对不熟悉的东西。但仅只是“解释”而已。这里没有对存在根据和对（在实在之物中的）原因的发现。据此，如果人们首先研究声音和颜色现象——也可以说如果惠更斯和牛顿早于伽利略出生——，那么这样一种声学的和光学的自然观也是可能的，在这种自然观中，颜色变化和声音变化是独立的可变现象。根据这种见解（马赫），质性就像数量一样客观，状态变化就像运动一样客观。但物理学的理想在于从原则上去除认识的偶然、历史－心理学的生成过程，并以在公式（这些公式表述着现象的功能依赖性、尺度变更和质性变更的依赖性）中对现象的单纯象征化来取代所有对现象的力学还原。这似乎是一个较为客观的自然图像——与此相对立的是力学自然观的图像，这种图像据此而须受到心理学很多历史的解释，并因此而只具有经济的价值。在这个前设之下，如果将质性等同于感觉内容，那么人们就会走向心理主义的形而上学；而如果将质性区分于感觉内容，那么人们就会走向一门同时也是实在论的形而上学，犹如亚里士多德的形而上学。前者是恩斯特·马赫的做法，后者是法国物理学家皮埃尔·

迪昂（Pierre Duhem）的做法，他自称为一个形式主义的亚里士多德学派成员。但必须注意：对于这些研究者来说，生命现象不构成一个特殊规律的领域，不构成新的质性和形式领域。

4. 我还要提到第四种见解，这种见解正在缓慢形成，在物理学家中，甚至劳特·凯尔文（Lord Kelvin）、麦克斯韦（Maxwell）和奥利弗·洛奇（Oliver Lodge）也已经持此见解。这一见解在波尔兹曼（Boltzmann）那里获得了明确的陈述，并且在哲学方面从所谓实用主义那里〔詹姆士、席勒（Schiller）、柏格森〕那里得到扩充。与第三种类型相反，这些研究者声称，只有力学还原才能提供一种“对自然的理解”，“我觉得，我们理解还是不理解，这个问题的真实意义在于一个物理学的问题：我们能否为自己制造出一个与事实一致的力学模式？如果我能够，那么我便理解，如果我不能，那么我便不理解。”因此，这些研究者同意第一类和第二类见解，反对第三类见解；他们认为在力学的自然观中包含着理解。但在他们与前两种见解之间仍有巨大的差异。因为他们立即补充说：很明显，人们可以对每一个现象制造出无限多的模式来单义地规定它们。导致力学自然观的不是逻辑学和数学，而是其它的东西。据此，力学模式永远不具有一个真实的、与实在对象相一致的自然图像的意义，但同样也不具有一种通过象征进行单义规定的意义，这些象征根据第三类见解不可能不带有这种模式。“模式”所提供的是另一种东西：它表明，如果我们受委托制作有关现象，那么我们应当根据哪一种“方案”和哪一种画好的建造图样来行事。所以，既不是“理论”，也不是“假设”，而是一种对自然现象的一般可能技术制作的图像。我在这里说的是：一种一般可能的技术的制作——无论我们是否将这种制作视为值得期待的，无论它对于我们实际上是否可能。

因此，在这里根本没有谈到，当自然研究者在研究时，他在其意向中必须考虑某个特定的技术可用性和效益。这里的看法恰恰相反:他的理解本身,这种理解的范畴和内在规律,研究者的精神设置是这样一种类型,以至于人的运动、人的行为可以根据一个图像、一个模式来制作被研究的现象,这种可制作性恰恰构成他的这一陈述的条件:他在理解。由此出发,实证主义要走得更远。从威廉詹姆士、席勒的极端实用主义,到著名的实用主义真理概念和认识概念:如果思想导致相同的反应,它们便是相同的,如果思想导致不同的反应,它们便是不同的,如果思想导致预期的反应,它们便是真实的;而柏格森则试图将力学的所有逻辑范畴(甚至包括同一性),如空间、时间,都回归为生命需求,即回归为一个本身不再能够借助于产生于它之中的范畴而被理解,而只能够被一个——极不明晰的——直觉和同感所把握的生命的需求。

我在这里只能大致地说明我对这个问题的态度以及我对现象学应当如何解决这个问题的看法。与这个问题有关的四种观点在这里也都只是非常大略地被提到。

我认为前三种观点是完全错误的。这样一种主张是完全没有根据的,即:在原初对感知内容、质性、价值、形式的实在设定过程中所产生出的矛盾会导致人们将除了力学自然论的材料以外的一切事物都主体化。导致这种主张的原因在于:人们在同一律和矛盾律中或在对这些原理的运用中已经默默地承认,同一之物必须(1)是一个事物,(2)是一个固定的事物,(3)是在空间和时间之中。生存定律既不可能在纯粹质性方面,也不可能在纯粹价值方面和纯粹形式方面自相矛盾;甚至即使人们将这些质性等等看作是事物的特性,这些生存定律也不可能自相矛盾。只有当人们不是直观它们本身,而是将它们看作是在空间和时间中的固定事物的单义符号(这在自然直观中已经有所准备),并且同时预设颜色和广袤之间的本质联系,这种联系排斥了在空间同一点是蓝并且又是绿的可能——只有在这种情况下才会导致矛盾。也就是说,矛盾并不导致力学还原,而是以此为前设,即:只有力学还原的被给予性才是真实的。

我们举一个较为详细的例子。人们说:如果人们把温度感觉的各个质性看作是客观存在的,就会产生矛盾,而要想设定,客观温度存在于一个物体的空间广延(部分运动)中(而非例如只是通过空间广延而被测量),人们就要穿过这个矛盾。因为,人们说,在质性领域中,a = b,b = c 并且 a<c,这是自相矛盾的,而如果我将感觉质性设定为客观的,那么情况便正与此相符。因此质性只可能属于感觉。但实际上这个矛盾只会提供将质性及其连续的强度增长与对质性的感觉区分开来的理由,但永远不会提供将质性客观化的理由。其次,对于广延来说,在它未被主观化的情况下,同一个矛盾也成立;在这里,广延与削减和增长也区别于对它们的把握。再次,在温度感觉之间也不存在矛盾,只有当感觉作为对某个不断生长的客观之物的单义象征而被看作是客观温度时,矛盾才会产生。甚至感觉质性自身也构成一个连续的序列;只有当它们被看作是某个客观存在者的象征,而这个存在者在其状态中不断变化,但同时又作为一个具有不断变化内容的客观温度之特性的固定事物而被预设,只有这时,这些感觉质性才会是跳越性的和分立性的。最后还存在着现象的区别:"我觉得热","我感到冷",以及"这里热或冷"等等;温度感觉与客观温度在现象学上是有区别的。甚至比这更多:在客观的较热和较冷与广延的增长与减少之间的联系不是归纳性的、以观察和测量为基础的确定,而是这种确定的前设,它已经在"较热和广延较大"、"较冷和广延较小"的递增关系中,即在这个"实事状态"的关系中被给予了——这种被给予不依赖于一个具有特定体积的物体的被给予或被预设。正如任何一个多彩颜色的质性实事状态,例如一个蓝、黄,在广延本

身减少的情况下会缩小直至完全黯淡消失，并且随一个面积的增亮（Hellersein），这个面积的增大（Größersein）也随之被给予——也正如所有较大的东西本来是作为较重的东西被给予，较小的东西作为较轻的东西被给予——，与此相同，在现象学上广延的增长是与“更热”的增长相连结的。正因为此，一个客观较小的、具有与一个较大物体相同温度的物体会显得比这个较大的物体更热，与此完全相同，一个客观较大的物体要显得比一个具有相同重量的较小物体更轻。特征感觉与温度感觉不是这些现象和递增关系的基础，相反，它们的变更恰恰依赖于这些现象。因此，促使我们选择广延为温度之标准的东西，既不是对物体和测量的观察，也不像马赫所以为的那样是纯粹的约定。

同样的情况也适用于任何将矛盾方法运用于颜色的做法。只有当我们将颜色预设为对固定事物特征的相同性、相似性、相异性的单义象征（再现功能）时，才会导致矛盾——也就是说，当我们预设了我们想要通过矛盾方法加以证明的东西时。而认为两个个体永远不可能明证地听到同一个声音，看到同一个颜色，或认为一个个体不可能明证地回忆一个他在五分钟前听到的声音，这样一种主张也是无根据的。我们在进行力学还原时恰恰预设了这种可能性，这种还原向我们做了最高的保证：声音和颜色的象征功能对于同一个固定事物来说是同一的。即使是诸如色盲的概念和确定也不是对我们的命题的指责，而是预设了严格的同一性。

此外，恰恰是赫巴特（Herbart）的错误才表明，这种虚假的矛盾方法同样可以用来反对力学观点本身的材料，即同样可以用来反对物体事物连同其特性、运动、变化的客观生存（马赫）。这之所以是错误，是因为恰恰是现象学对事物性和物质性、对“变换”、“运动”、“变化”这些现象——不同于单纯被想象的和被推断的变换、运动、变化，更确切地说，不同于单纯被推断的事物——的指明，才取消了一个矛盾，如果没有这些物质现象，这个矛盾反倒会存在。这就是说，这些材料在逻辑的意义上是特殊的物质的某物；根据赫巴特的前设：感觉和逻辑。但所有这些都是物质的非感觉的现象。例如在赫巴特看来，运动包含着这样的矛盾，即同一个运动既在这个地点又不在这个地点，并且是在同一个时间里。但是，第一，运动现象并不奠基于同一之物的地点变化上；运动还在点与点之间被给予，这些点如果没有在它们之间的运动便无法再被区分。第二，如跳越运动所表明的那样，运动并不奠基于连续性的被给予性之上。第三，运动并不奠基于某种直接的同一之物上〔魏特海姆(Wertheimer)〕。

如果力学自然观的这个原理既不能被逻辑学，也不能被数学，既不能被根据现象学还原所发现的本质联系，也不能被通过观察而获得的经验所充分论证，但如果科学又需要根据这个原理来将自然世界观的内涵解释为仅仅与人有关的东西，那么这个问题就变得更为紧迫：这个“原理”的究竟具有什么样的全权和什么样的意义。

科学团体的两个基本信条本身不会导致力学自然观的原理，也不会导致：(1)实在普遍有效的因果原理，(2)实事逻辑普遍有效的关于它在的充足理由或匮缺理由的原理，(3)表述在相互分离领域中所有变更的本质必然依赖性的并且对于“自然”来说是先天的和普遍有效的作用原理。这两个基本信条除了规定那些在科学交往的世界中得到运用的符号及其联结的单义性和目的性之外，永远无法规定其它东西。尽管力学自然观也可以说是象征性的，因为从现象被给予之物的领域中只有极少的因素（固定的事物、运动、空间和时间中的接触因果性和这些基本事实的尺度变化的功能依赖性）被取出，并且所有剩余的东西都因此而且仅仅因此而被象征化，但“被给予之物”在这里也随之进入到其对象之中——并且这个被给予之物就是那个随所有其它被给予之物一起被象征化的被给予之物。但这时还有一个问题：这是如何可能的？为什么所有其它的东西恰恰能够随这些被给予性一起被象征化？为什么不是随另一些被给予性？这绝不可能建立在一个自由选择或一个约定的基础上。因为我们根本不能自由地决定，是否要通过固定事物的运动以及它们的相互接触作用对被观察事实进行单义的规定。相反，只有这个规定才使我们——根据劳特·凯尔文的确切用语——“理解”被观察之物。

但“单义的”规定在这里意味着什么？它意味着，被观察之物的全部内涵都通过力学模式而得到单义的规定？这是理性主义学说的看法。根据这种学说，在力学自然理论中被规定和“被想象的”唯一的世界是独立于观察的事实并且隐藏在这些事实“后面”的；只有当这些实在对象作用于心理-物理有机体时，观察的事实才会得以——也是单义地——表露出来。但这个前设恰恰是错误的。英国物理学派的卓越贡献就在于，他们一方面坚持认为，我们只能力学地理解自然，然而却又明察到并且证明了，即使我们只能想象制作唯一的一个力学模式，并且借助于它来理解事实，我们仍能制作无数其它的力学模式，并且借助于它们同样能够很好地理解事实。显而易见，如果在我们用来进行理解的模式和被观察的事实之间存在着一个单义的顺序，即这样一个顺序：每一个模式都与一个事实复合体相符，并且这个事实复合体的所有部分都与这个模式的特定部分相符，反之亦然，那么上面那种说法就是不可能的。然而，通过无数多模式中的任何一个模式对这个事实复合体的规定都是严格单义的规定；这并不是指，在事实中的所有实证直观内涵都得到规定（遑论单义的规定），而仅仅是指，事实复合体的任何一个其它存在或事实复合体的各个部分中的任何一个也都要求具有不同序列的无限不同的“理解”模式。

这便是“单义规定”在这里所具有的特殊意义。现在——根据前面所做的阐述——这种特殊的关系在认识论上应当如何理解呢？我的回答是：对它的理解一方面要通过确定而坚实的选择次序，生物便是根据这个次序而作用于能够被想象为是经过现象学还原的世界，以及通过那个由此次序所奠基的次序，在这个被奠基的次序中，纯粹事实及其本质联系送达给(zugehen)这个生物的本质上是感性的和受身体决定的直观。而对这个次序本身的理解又要通过它对于作为生命一般之生命的目的追求和目的趋向所具有的那种价值，即：凌驾于所有那些能够从世界生成为它的周围世界的东西之上的、不断增长着的权力和统治。

以下情况大致已经明了：定律一：力学理论单义地规定着被观察的自然；定律二：然而存在着无数多的进行着这种规定的理论；在这两个定律的同时有效中包含着背谬。如果某些对于观察事实而言的力学实事条件(对它们而言的实事根据和实在根据)同时也是对于有关事实的可能感知和观察的认识条件，那么这个背谬便可以得到消除。如果在现象学上有效的是：撇开生物的所有特殊的功能性的和解剖学的感性组织不论，任何可能的感性感知内涵的诸要素的构造关系都是这样一种状况，即：尽管在任何感知中都有一个随相应性而变换的直观自在的事实之充盈被送达给我们，这些事实与固定生物的运动以及它们在时空相互分离中的接触作用毫无关系，但同时这种“送达”的次序又是这样一种状况，即：某物的固定性、某物的事物性、某物的运动性、某物的时空接触(以及其它一些应属于此，但在这无法尽数列出的东西)这样一些实事状态必须“首先”被送达并且必须首先在对纯粹世界内容的选择次序中“被给予”，尽管某些其它的具有这些或那些形式的实事状态，例如蓝、有价值，会被送达，并且是在同一个世界场所被送达——那么在这种形式和方式中被给予的当然就不会是其它的东西，而只能是那些通过固定事物运动的规定性，通过在相互分离中的接触和先天统治着这些杂多性的数学概念世界的规定性而被单义规定的东西。因为否则就会同时意味着一个在通道次序和选择次序中的断裂。但另一方面也不言自明，在显现于感知之中的完整内涵上，所有超越出固定事物的时空运动方面的东西永远不会在其存在（Sein）和如在（Sosein）中受到这些“方面”规定，而只能被规定为：恰恰是“这个东西”，而不是“其它的东西”对于一个身体的运动将会有“作用能力”，并且对于它所具有的为一个身体所特有的本质趋向来说将会是有价值的和有意义的。因此，用一个力学模式来取代这个内涵的方式永远不会只有一个，而必定会有无限多，而这种“取代”将会完全独立于认识的相应性，它就是这个内涵在哲学认识中所达到的认识相应性，直至自身被给予性的极限。但所有那些具有这种认识的对象都始终必然是生命相对的：一个对生物一般的可能抵抗的王国。但这同时意味着：这是一些完全独立于人及其组织而实在生存着的模式——但对于一个纯粹有限的精神而言，对于它的理性和它的纯粹直观而言则是非实在的模式，而且对于这个精神来说仅仅是可能的模式，根据这些模式，生物为了统治它们的可能周围世界以及为完成可能的、可为它们所用的实事而制定出它们的可能技术行为的计划。

由此表明，除了关于死的自然的科学心态的基本信条之外，即除了单义地和最节省地规定事实这些信条以外，这门科学无疑还具有这样一个任务：寻找并给出真理，而且仅仅寻找和给出真理。它的任何一个定律都必须与在这些定律中“被意指的”实事状态相一致，也就是说，它必须是在质料上为真的；它的所有定律、推论、演绎、归纳必须是正确的，即符合一个正常的、奠基于纯粹逻辑学之中的立法。撇开它的心态的基本信条不论，这些信条对于哲学是无效的，它当然与任何认识一起，同样也与在自然世界观中活跃着的那种认识一起共有这些认识标准。它显而易见也与哲学一起共有这些标准。因而在这个意义上科学是一个认识真理的团体。如果一个研究者在其研究中所从事的不是对真理的探讨，而是追求其它的东西，例如可使用性、其结果的可运用性，那么他就违背了研究者的第一伦理，他就配不上这个崇高的名字。

但正因为研究者与许许多多的其他人一起共有这个认识真理的目的，他的认识目的才仅仅由于这个原因而仍然是完全不确定的。只有当他说出，他的判断所进入的定律意指的是哪些事实时，他的认识目的才得到确定。对哪些事实的问题可以有如下回答：第一种事实：它们可通过象征而被单义规定，并且对它们来说不存在个体有效真理，而只存在普遍有效真理；第二种事实：它们的对象是生命相对的；第三种事实：一种可能的生命运动在对它们起作用时能够产生出某种作为被想象为具有生命价值的周围世界的变化。

这意味着：尽管科学所提供的真理像任何"真理"一样是绝对真理，但这个真理所涉及的认识对象即使不是相对于人的对象，也是在其此在中相对于生命的对象。这便使科学一方面区别于自然世界观，这种世界观只具有相对于人的对象——另一方面又区别于哲学，哲学的目的只在于绝对对象。但其次，对被称之为科学事实和真理的那些事实和真理的选择已经处在一个原理的统治之下，这个原理已经不再与世界知识有关，我们现在只能将它称之为"一种可能的技术的目的设定原理"。这个原理在一个选择顺序中发挥着选择作用，这个选择是指对那些从现象上被还原的世界进入到自然世界观的内容中去的东西所进行的选择：但这种选择是在人这个种类的周围世界的局限之内进行的选择。根据其生命意义的各个层次，那些束缚在其可能的对人类活动的反应作用上的事实，即人的种类的环境内涵，会有层次地显现在任何一个感知、回忆、期待之中。科学将自己从对于人的此在相对性限制中解脱出来——当然是以这样一些认识的相应性为代价，这些认识现在仅只朝向一个可能的周围世界一般的一个“方面”，这个周围世界的知识仅仅满足于：统治所有那些不属于人的环境，然而还包含在生命-此在相对的此在领域中的东西。

相反，哲学则寻找一种尽可能相应的认识，这种认识在自身被给予性中得到理想的完善。不言自明，哲学与科学的这些认识目的永远不会相互干扰，另一方面，同样明白无疑的是，哲学的认识目的要高于科学的认识目的。

因此，受数学规定的关于自然的机械论为我们提供的东西，就充实这门科学之基本概念的那些事实而言，实际上已经包含在这门科学之中了。它们并非借助于某些知性的立法，或者通过某些“已处在主体中”的知性形式和直观形式而从这门科学中挤压出来并“规定给”这门科学的。这些基本概念的直观质料也不像恩斯特·马赫以及纯粹象征主义学派如彭加勒所认为的那样，是从其它质料中被自由地选出的。它们在任何自然感知建构关系中，甚至在一个生命环境的结构中就已经作为原初“被给予之物”，因而也是独立变化的事物而存在了。我们用这些质料并且根据包含在它们直观本质中的并通过此本质而可被明察的原理来阐述各种特殊的机械论，但所有这些特殊的机械论都是我们精神的自由构想，它们并不能切中或反映在事物“之后”的某种东西，而只能在其总体性中提供一个“计划”，根据这个计划，原则上有可能为了某个可以随意变更的目的而不通过我们人和我们的实际力量，而是通过自由的，但生动的人格来运动自然和引导自然。一个可能引导自然的计划必然不“同于”那个须被引导的东西，或不是对须被引导的东西的反映，甚至可以说，这样的计划必定不会只有一个，而是会有无限多——这也是显而易见的。

但另一方面，通过一个生物来本质可能地运动和引导自然，这样一个计划的想法显然不同于一个为某个特定的目的，甚至为效益的目的而由人设想出来的制作一个实事的计划，例如制作一间房屋、一座桥梁、一台机器的计划。这里有着天壤之别——一个科学与技术的差别。我们的计划本来就不是此在相对于人及其组织的。它规定和划定了所有可能的技术性目的设定，因而它不是从某一个或某一组目的设定中产生出来的。不是某个须待完成之事业的效益价值，而是包含在生命对自然之统治中的生命权力价值——它完全独立于为了这个或那个技术目的而对这个权力的使用——在引导着那个提出此计划的精神。根据以上所说，我们可以理解：通过这种观念而被用来服务于某个目的，或甚至被用来服务于效益目的的东西，并不是那个"给人以自由"的"知性"——康德将它错误地看作是一种"纯粹的"和"超越论的知性"——，而是这个知性本身的从纯粹精神中的起源，另一方面，知性还起源于生命的本质趋向，即扩大它的环境，并在它最本己的运用权力之趋向的意义上来统治这个环境。伦理学教导说：权力优于效益。但伦理学也教导说，对于研究者来说，研究的动机不是也不能是权力，而只能是对真理的认识。它还教导说，对真理的认识作为一种纯粹精神的价值是一种比任何权力都"更高的价值"。

但这里所谈的不是研究者的动机，也不是他的结果，即：科学定律必须为真。问题恰恰在于，"知性"是如何产生的，也就是说，不是"能力"，而是力学物理学的建构用来阐述的那些基本观念和原理的总和，它们是如何产生的以及它们的对象是如何产生的。通过研究者来对知性进行主观运用，这种动机是一种伦理学的事情，而不是认识论的事情。问题恰恰就是：在力学本身之内为真的定律为何不仅提供在与它们的被给予性关系之中的真，而且还提供完全不同的东西;借助于这些定律为何能够单义地规定死的自然的所有现象和事实。我们在这里所涉及的不是作为个别科学的力学,而是力学的自然观。

附录二
当代德国现象学

（遗稿）

马克斯·舍勒

译者按：这篇文字作为舍勒1922年发表的长文“当代德国哲学”的附录被《舍勒全集》第七卷（《同情的本质与形式》，弗兰克出版社，波恩、慕尼黑，1973年）的编者、舍勒夫人玛利亚纳入“当代德国哲学”这组文字中。编者并未给出它的撰写时间。从文中所引几部在1923至1925年期间出版的著作来看，舍勒撰写该文的时间至少应当在1925年之后。而结尾题为“海德格尔”的一段文字则表明：该文的撰写时间很可能是在1927年海德格尔出版《存在与时间》前后：此时海德格尔的《存在与时间》应当还未面市，因此在前面的文字中仅仅引用了海德格尔的《邓·司各脱的范畴和意义学说》；但是舍勒可能已经作为《哲学与现象学研究年刊》的编者或作为海德格尔的朋友而先读到了《存在与时间》的书稿，这样才可以解释他对海德格尔思想为何能够做出如此全面的评判。

这篇附录文字的两个特点促使译者将其从《舍勒全集》第七卷中抽取出来单独翻译：其一，舍勒在其中集中回顾和评价了自己亲身参与其中的现象学运动，简明扼要地勾勒出了这个运动的基本轮廓和影响范围，因而译者为它加上了一个标题：“当代德国现象学”；其二，舍勒最终没有将其发表，原因可能在于他随后不久（1928年5月）便猝然辞世，但更为内在的原因则可能在于，其中的内容过于直白和坦率，类似于一种写给自己的日记，撰写时基本没有顾及发表以及发表后的影响。因而应当说，这篇未发表的文稿可能比他发表的"当代德国哲学"长文更如实地表达了他对现象学运动的内心想法。

文中所有脚注均为译者所加。

现象学哲学有别于德国现有种种哲学的地方首先在于，它不是作为立场哲学，而是作为纯然的实事哲学（Sachphilosophie）出场，并且不是作为一个人的"体系"（康德、费希特、谢林、黑格尔），而是作为整整一个圈子的人出场，这些人并未在特定的教义、命题、定理上，而是在一种特殊的研究方向和研究方法（研究的技艺）上达成了一致。因此，例如，如果赋予 E. 胡塞尔——正是其《逻辑研究》（1901年）最初为这个现象学圈子提供了某种中心（《哲学与现象学研究年刊》也是一个特殊机构）——以一个与康德、费希特、黑格尔对于他们的追随者而言的类似角色，那么这个做法就是错误的。对此，[胡塞尔]还缺少：（1）体系，（2）问题提出的全面性（胡塞尔除了《逻辑研究》和《观念》之外既未提供形而上学，[也未提供]自然哲学、数学[哲学]、价值哲学、历史哲学等），（3）一部自成一体的、探讨相互关联的哲学问题的著作。恰恰还是"种种研究"，相当偶然地接受下来的种种理论。由此才可以说明：无论是在论题上，还是就结论和教义而言，还是在世界观上（天主教徒、犹太人、新教徒），现象学的这个群组都没有表明一种"统一"，——它的原初的、直至 A. 莱纳赫（在战争中）去世时所具有的统一也逐渐丧失。由此可以说明，它比任何一门哲学都更多是一种合作的事业，而且是在胡塞尔的推动下，但绝非在他的领导下。在此最初的推动之后，胡塞尔同样受到了被推动者们以及他的弟子们的进一步推动，就像他曾推动了他们一样（尤其是从"描述心理学"到"现象学"）。由此可以说明这个圈子形成的奇特方式,以及这个圈子的更为奇特的增长。这种增长并非通过这样一种方式,即胡塞尔将那些在哲学上还是白板一块的人(tabula rasa)或还处在科学的最初开端上的人吸引到他的哲学上来,而后这个"核心和种子"成长为一棵枝叶繁茂的大树;也非通过这样一种方式,即一些已经自为地踏上自己道路的研究者通过他而得到推动,就像例如费希特通过康德、谢林通过费希特、黑格尔同时通过费希特与谢林而得到推动那样。在这里能提到的唯有我自己(参见《超越论方法与心理学方法》[①])。毋宁说,这个圈子是通过完全特定的、业已形成的学派的日趋增多的迁移而建构起来的,它的所有成员都已经带有自己的观点、方法和问题;所有成员都已经以其它的(非现象学的)方式在哲学上做了深入的研究和大量的工作。聚集在胡塞尔周围的是一些在科学上成熟的、半成熟的人——而不是一些有一定理解力的青年和学生。例如特奥多尔·利普斯、阿列克休斯·迈农(格拉茨)、布伦塔诺的一些弟子们,他们本身差不多已经是"学派首领"(Schulhäupter)。我举几个这类迁移的例子。

所谓现象学的核心组是特奥多尔·利普斯的学派:普凡德尔、莱纳赫、盖格尔,后来他们还没有完成任教资格考试,——我是自己加入进去的——利普斯对我没有任何影响。早期还有我的亲传弟子D.v.希尔德布兰德;此外较为疏远的还有布隆施威格(《相对认识论》、《康德》、《黑格尔》,明斯特大学教授[②])。我自己、普凡德尔、莱

---

① Max Scheler, *Die transzendentale und die psychologische Methode*, 1900, 2. Aufl. 1922.

② Alfred Brunswig (1877-1929), *Das Vergleichen und die Relationserkenntnis*, B. G. Teubner, Leipzig/Berlin 1910; *Das Grundproblem Kants, eine kritische Untersuchung und Einführung in die Kant-Philosophie* 1914, *Hegel*, Rösl & Cie., München 1922, *Leibniz*, Verlag Karl König, Wien 1925.

纳赫、盖格尔共同签署了《年刊》〔的编辑协议〕。撇开从鲁道夫·奥伊肯那里过来的我自己不论，这里所说的其他人都从利普斯的思想世界中带来了他们的问题和他们的方法，而后在胡塞尔的推动下才对它们进行了改造(自身观察的心理学)。他们作为“现象学家”本质上也始终是精准的、锋利的、并非始终卓有成效的利普斯分析意义上的“心理学家”，而且明显很少负载历史的或材料的、自然科学方面的训练。他们的方法始终是“自身观察”——尽管是以现象学的方式。通常他们距离实验心理学很远，即使盖格尔和布隆施威格会做这类尝试。日后撰写了《市民权利的先天基础》并将现象学引入法哲学(如今有一整个学派的现象学法哲学，尤其是在维也纳)的是阿道夫·莱纳赫，他是法学家出身，本质上是逻辑学家，在慕尼黑学派中独树一帜(利普斯的学生，参见其《文集》，尼迈耶[①])。大约自1890年起兴盛的、由利普斯创立的“心理学学会”成为现象学研究的一个特殊培植场(无名的现象学家道伯特、“狂热”期[、]学会的方式)。因此，不是一个在胡塞尔教书的地方(哈勒、哥廷根——后来的弗莱堡)建立起来的学会，而是一个在慕尼黑的学会。

但这个圈子的进一步增长也是通过业已形成的学派的迁移来进行的。(1)在从未达到这个第一组的邻近位置的情况下，从新康德主义者学派出发走向现象学的有尼古拉·哈特曼(《认识的形而上学》[②]，在伦理学中走向我)。历史学家和理论家海姆索埃特，慕尼黑；纳托尔普也是如此，还有其他人。卡西尔也并非始终完全未受影

① Adolf Reinach (1883－1917), *Gesammelte Schriften*, herausgegeben von seinen Schülern, Max Niemeyer, Halle (Saale) 1921.

② Nicolai Hartmann (1882－1950), *Grundzüge einer Metaphysik der Erkenntnis*, Vereinigung wissenschaftlichen Verleger, Berlin 1921.

响。(2)从里尔和狄尔泰那里靠近来的有施普郎格[①],他自其处女作《历史哲学》起直至《生命形式》都在本质上受我的影响(当然他并未完全深入到这个现象学的圈子中)。老狄尔泰本人始终受到胡塞尔的影响,而他的学生米施和弗里施埃森-柯勒尔(《思维与现实》[②])则更多。但只是在海德格尔那里才完成了一种狄尔泰的历史主义与胡塞尔哲学和我的哲学的结盟。(3)在李凯尔特学派中首先是E.拉斯克(《哲学逻辑学》、《判断理论》)[③]受到现象学的强烈影响,如此强烈,以至于他在去世前几乎已经完全克服了他的老师的哲学(尤其是他的学说:哥白尼转向并不是针对人的理智形式的,而是针对存在问题和质料的,而我们的认识活动在此结构面前只是反映的,对无对立的价值与真理的直觉,普罗汀)。后来从李凯尔特学派完全走向现象学的是海德格尔(《邓·司各脱》[④]等)。(4)来自冯特学派的有林克和社会学家费尔坎特。(5)来自西美尔和特洛尔奇并处在他的影响

---

① Eduard Spranger (1882-1963),舍勒所说的"《历史哲学》处女作"书名有误,应为:*Die Grundlagen der Geschichtswissenschaft. Eine erkenntnistheoretisch-psychologische Untersuchung*, Reuther & Reichard, Berlin 1905;《生命形式》则是一篇长文,后来独立出版:„Lebensformen. Ein Entwurf", in: *Festschrift für Alois Riehl. Von Freunden und Schülern zu seinem 70. Geburtstage dargebracht*, Niemeyer, Halle (Saale) *1914*, S. *416-522* (Auch Sonderabdruck. Später: *Lebensformen. Geisteswissenschaftliche Psychologie und Ethik der Persönlichkeit. 2.*, völlig neu bearbeitete und erweiterte Auflage, Niemeyer, Halle (Saale) *1921*.

② Max Friedeisen-Köhler (1878-1923), *Wissenschaft und Wirklichkeit*, B. G. Teubner, Leipzig/Berlin 1912; *Das Realitätsproblem*, Reuther & Reichard, Berlin 1912.

③ Emil Lask (1875-1915), *Die Logik der Philosophie und die Kategorienlehre. Eine Studie über den Herrschaftsbereich der logischen Form*, J. C. B. Mohr (Paul Siebeck), Tübingen 1911; *Die Lehre vom Urteil*, J. C. B. Mohr (Paul Siebeck), Tübingen 1912.

④ Martin Heidegger (1889-1976), *Die Kategorien- und Bedeutungslehre des Duns Scotus*, Mohr, Tübingen 1916.

下的是特奥多尔・里特(《个体与共同体》、《历史与生活》[①])。在经院哲学那里产生的作用部分是好感,部分是反感。1)胡塞尔和我对这个学派的唯一德国体系论者 Jos. 盖瑟尔有影响,他撰写了关于胡塞尔的一本书和关于我的宗教哲学的两本书。[②] 2)我自己对普茨瓦拉以及一批经院哲学家有影响。但这只是影响,而不是像在 D.v. 希尔德勃兰特和 E. 格伦德(《宗教哲学的基本因素》[③])那里发生的转变。(6)来自实验心理学学派(G.E. 穆勒学派)的有大卫・卡茨,他大概受胡塞尔(哥廷根)的影响最深。来自屈尔佩学派的是恩斯特・毕勒尔(思维心理学)及其论《思想》的著作[④],以及瑟尔茨及其哲学著作和(较少)心理学著作。来自数学和自然哲学的有魏尔、贝克尔(欧几里德几何学)、舍勒、普莱斯纳。心理诊疗学:施贝希特、奥地利的雅斯贝尔斯[⑤],他只是让人将现象学视作描述心理学,普凡德尔、舍勒、K. 施奈德、克隆菲尔德、希尔德、施道尔希以及其他人。(7)来

---

① Theodor Litt (1880 - 1962), *Geschichte und Leben. Von den Bildungsaufgaben geschichtlichen und sprachlichen Unterrichts*, B. G. Teubner, Leipzig/Berlin 1918, *Individuum und Gemeinschaft. Grundfragen der sozialen Theorie und Ethik*, B. G. Teubner, Leipzig/Berlin 1919.

② Joseph Geyser, *Neue und alte Wege der Philosophie. Eine Erörterung der Grundlagen der Erkenntnis im Hinblick auf Edmund Husserls Versuch ihrer Neubegründung*, Verlag von Heinrich Schöningh, Münster i. Westf. 1916; *Augustin und die phänomenologische Religionsphilosophie der Gegenwart: mit besonderer Berücksichtigung Max Schelers*, Aschendorffsche Buchhandlung, Münster 1923; *Max Schelers Phänomenologie der Religion: nach ihren wesentlichsten Lehren allgemeinverständlich dargestellt und beurteilt*, Herder & Co., Freiburg 1924.

③ Otto Gründler, *Elemente zu einer Religionsphilosophie auf phänomenologischer Grundlage*, J. Kösel & F. Pustet, Kempten 1922.

④ 舍勒所说的"恩斯特・毕勒尔"(Ernst Bühler)人名有误,实应为:卡尔・毕勒尔(Karl Bühler, 1879 - 1963),屈尔佩的学生,思维心理学的维尔茨堡学派代表人物。舍勒这里提到的著作为:Karl Bühler, *Tatsachen und Probleme zu einer Psychologie der Denkvorgänge. Über Gedanken*, 1907, *Archiv für Psychologie*, Nr. 9, S. 297-365.

⑤ 原文如此:Österreich Jaspers。笔误?

自屈尔佩的还有[伦理学中的]A. 梅塞尔(胡塞尔与我的伦理学)。此外,非常显著的是对天主教与新教神学的影响(斯特拉斯堡的法国学派,让·海林和梅内戈:《祈祷》[①]),以及在具体精神科学中的广泛伸展的影响:英语言文学研究、罗马语言文学研究、历史科学。(我在这里不详述国外的状况。)

因此,从外表来看,现象学在相当短的时间里展开了一种影响,它是任何一个其它新学派的思维方向都根本无法比及的。

除了胡塞尔之外,只有我自己和海德格尔给出了现象学的一个确定落实的类型以及对哲学的一个系统建构的纲领。我之所以没有详尽地讨论[上述]这些丰富而众多的著作,乃是因为时间的关系,而非因为对这些工作的轻视。——此外还因为,无论它们有多么重要的价值,它们都不代表现象学的新类型,更不代表一种新的体系哲学。请允许我在此绕过自己的工作不论,因为,除非迫不得已,否则谈论自己是无礼的。海德格尔则是另一回事:在这里有一种新现象学和一个体系的纲领。卓有影响,而且就其工作的意义来看也是理所当然的。

海德格尔

(1)存在论的转向。(2)生命哲学的转向。(3)历史的转向。(4)个体的转向。(5)相对实用的转向。(6)人类学的转向。(7)具体的转向。(8)诠释学的现象学。(9)与笛卡尔主义的决裂。独存的我(sum solus ipse)。(10)对(自希腊人以来)西方理性哲学的拒绝。

---

① Fernand Ménégoz (1873 – 1945), *Le Problème de la prière, principe d'une revision de la méthode théologique*, Libraire Istra, Strasbourg-Paris 1925.

11.影响：克尔凯郭尔、新教、舍勒、雅斯贝尔斯、狄尔泰、约克伯爵。(12)与观念存在、奥地利学派永恒本质的决裂；“德意志的”观点。(13)与“绝对意识”的决裂以及更加远离康德。(14)向亚里士多德“存在论”的转向——但——与古代存在论的决裂。(15)历史(胡塞尔是非历史的)以及对历史研究的解构理解。(16)生物学的问题域。(17)良心问题、死亡、情感[实在问题]与存在方式。(18) *

引用文献

Bernet, Rudolf/Kern Iso/Marbach, Eduard, *Edmund Husserl. Darstellung seines Denkens*, Felix Meiner Verlag: Hamburg 1989.

Ehrl, Gerhard, „Solipsismusproblem und Intersubjektivitätsfrage in Husserls Vorlesungen von 1910/11 und 1923/24", in: Sabine S. Gehlhaar (Hrsg.), *Prima philosophia*, Traude Junghans Verlag Cuxhaven & Dartford, Band 14 / Heft 3, 2001.

Frings, Manfred, "Edmund Husserl: Vorlesungen über Ethik und Wertlehre 1908–1914. *Husserliana*, XXVIII, ed. Ullrich Melle", in *The Journal of the British Society for Phenomenology*, 21/2, 1990.

Gadamer, H.-G., „Max Scheler—der Verschwender", in Paul Good (Hrsg.), *Max Scheler im Gegenwartsgeschehen der Philosophie*, Francke Verlag Bern und München 1975.

——, „Die phänomenologische Bewegung", in H.-G. Gadamer, GW 3, J. C. B. Mohr (Paul Siebeck): Tübingen 1987.

Good, Paul (Hrsg.), *Max Scheler im Gegenwartsgeschehen der Philosophie*, Francke Verlag Bern und München 1975.

Habermas, Jürgen, *Vorstudien und Ergänzungen zur Theorie des kommunikativen Handelns*, Suhrkamp Verlag: Frankfurt am Main 1984.

Heidegger, Martin, GA 2, *Sein und Zeit*, Vittorio Klostermann: Frankfurt am Main 1977；中译本：海德格尔：《存在与时间》，陈嘉映、王庆节译，三联书店，北京，2006 年。

——, GA 20, *Prolegomena zur Geschichte des Zeitbegriffs* (*Sommersemester 1925*), Vittorio Klostermann: Frankfurt am Main 1988.

——, GA 65, *Beiträge zur Philosophie* (*Vom Ereignis*) (*1936–1938*), Vittorio Klostermann: Frankfurt am Main 1989.

Held, Klaus, „Das Problem der Intersubjektivität und die Idee einer phänomenologischen Transzendentalphilosophie" in: Ulrich Claesges/

Klaus Held, *Perspektiven transzendental-phänomenologischer Forschung*, Martinus Nijhoff: Den Haag 1972.

Henckmann, Wolfhart, *Max Scheler*, Verlag C. H. Beck: München 1998.

Husserl, Edmund, Hua I, *Cartesianische Meditationen und Pariser Vorträge*. Edited by S. Strasser. Martinus Nijhoff: The Hague 1973.

——, Hua III – 1, *Ideen zu einer reinen Phänomenologie und phänomenologischen Philosophie*. Erstes Buch: Allgemeine Einführung in die reine Phänomenologie 1. Halbband: Text der 1. – 3. Auflage, Martinus Nijhoff: The Hague 1977.

——, Hua IV, *Ideen zu einer reinen Phänomenologie und phänomenologischen Philosophie*. Zweites Buch: Phänomenologische Untersuchungen zur Konstitution, Martinus Nijhoff: The Hague 1952.

——, Hua V, *Ideen zu einer reinen Phänomenologie und phänomenologischen Philosophie*. Drittes Buch: Die Phänomenologie und die Fundamente der Wissenschaften, Martinus Nijhoff: The Hague 1971.

——, Hua VI, *Die Krisis der europäischen Wissenschaften und die transzendentale Phänomenologie. Eine Einleitung in die phänomenologische Philosophie*, Martinus Nijhoff: The Hague 1976;

——, Hua X, *Zur Phänomenologie des inneren Zeitbewusstseins (1893 – 1917)*, Martinus Nijhoff: The Hague 1969;

——, Hua XIII, *Zur Phänomenologie der Intersubjektivität*. Texte aus dem Nachlass. Erster Teil. 1905 – 1920, Martinus Nijhoff: The Hague 1973;

——, Hua XIV, *Zur Phänomenologie der Intersubjektivität*. Texte aus dem Nachlass. Zweiter Teil. 1921 – 28, Martinus Nijhoff: The Hague 1973;

——, Hua XV, *Zur Phänomenologie der Intersubjektivität*. Texte aus dem Nachlass. Dritter Teil. 1929 – 35, Martinus Nijhoff: The Hague 1973.

——, Hua XVIII, *Logische Untersuchungen*. Erster Teil. Prolegomena zur reinen Logik. Text der 1. und der 2. Auflage, Martinus Nijhoff: The Hague 1975;

——, Hua XIX, *Logische Untersuchungen*. Zweiter Teil. Untersuchungen zur Phänomenologie und Theorie der Erkenntnis. In zwei Bänden, Martinus Nijhoff: The Hague 1984;

——, Hua XXV, *Aufsätze und Vorträge*. 1911 – 1921. Mit ergänzenden Texten, Martinus Nijhoff: The Hague 1986.

——, Hua XXVII, *Aufsätze und Vorträge. 1922—1937*, Kluwer Academic Publishers: Dordrecht 1988;

——, Hua XXXIV, *Zur phänomenologischen Reduktion. Texte aus dem Nachlass (1926 – 1935)*, Kluwer Academic Publishers: Dordrecht 2002;

——, "Randbemerkungen zu Schelers *Formalismus*", ed. Heinz Leonardy, in: *Étude phénoménologiques* 7, 1991, pp. 3 – 57;

——, Hua Dok. III/1 – 10, *Briefwechsel*, 10 Bände, in Verbindung mit E. Schuhmann hrsg. von K. Schuhmann, Kluwer Academic Publishers: Dordrecht/Boston/London 1994.

——, Hua Mat. VII, *Einführung in die Phänomenologie der Erkenntnis. Vorlesung 1909*, Kluwer Academic Publishers: Dordrecht/Boston/London 2005.

——, Hua Mat. VIII, *Späte Texte über Zeitkonstitution (1929 – 1934). Die C-Manuskripte*, Springer: Dordrecht 2006.

胡塞尔:《文章与讲演(1911 – 1921 年)》,倪梁康译,人民出版社,北京,2012 年。

Kern, Iso, *Wang Yangming (1472 – 1529) und seine Nachfolger über die „Verwirklichung des ursprünglichen Wissens“*, Schwabe Verlag: Basel 2010, S. 775 – 780);中译本:耿宁:《人生第一等事——王阳明及其后学论"致良知"》,倪梁康译,商务印书馆,北京,2014 年。

耿宁:"《王阳明及其后学论"致良知"》贵阳会议之结语",载于:《广西大学学报》,2015 年,第 2 期。

——,《心的现象》,商务印书馆,北京,2012 年。

Lee, Nam-In: *Edmund Husserls Phänomenologie der Instinkte*, Phaenomenologica 128, Kluwer Academic Publishers: Dordrecht 1993.

Lipps, Theodor, *Ästhetik—Psychologie des Schönen und der Kunst*, *Erster Teil*, *Grundlegung der Ästhetik*, Verlag von Leopold Voss: Hamburg/Leibzig 1903.

梅勒, U.:"胡塞尔的人格伦理学",陈联营译,载于:《中国现象学与哲学评论》,第十三辑,《现象学与神学》,上海译文出版社,上海,2014 年,页 275 – 298。

倪梁康:《现象学及其效应——胡塞尔与当代德国哲学》,三联书店,北京,1994 年第一版、2005 年第二版,商务印书馆,北京,2014 年第三版。

——,"现象学意识分析中的'共现'——与胡塞尔同行的尝试",载于:《鹅湖学志》,2016 年,第六期,页 185－235。

——,"'伦常明察'——舍勒现象学伦理学的方法支持",载于:《哲学研究》,2005 年,第 1 期,页 57－66。

Ni, Liangkang, „Zum Problem der Originalität der Einfühlung bei Husserl und Scheler", in: *Thaumàzein*, Nr. 3, 2015, pp. 307－336.

Plessner, Helmuth, „Vorwort", in: *Die Stufen des Organischen und der Mensch. Einleitung in die philosophische Anthropologie* (1928), Walter de Gruyter: Berlin 1975.

——, „Bei Husserl in Göttingen", in: *E. Husserl, 1859 – 1959. Recueil commémoratif publié à l'occasion du centenaire de la naissance du philosophe*, Martinus Nijhoff: Den Haag 1959.

Scheler, Max, „Neun Briefe an Karl Muth", in Paul Good (Hrsg.), *Max Scheler im Gegenwartsgeschehen der Philosophie*, Francke Verlag Bern und München 1975.

——, GW I, *Frühe Schriften*, Francke Verlag: Bern und München 1980.

——, GW II, *Der Formalismus in der Ethik und die materiale Wertethik*, Francke-Verlag: Bern und München 1980.

——, GW III, *Vom Umsturz der Werte. Abhandlungen und Aufsätze*, Francke Verlag: Bern und München 1972.

——, GW V, *Vom Ewigen im Menschen*, Francke Verlag: Bern und München 1968.

——, GW VI, *Schriften zur Soziologie und Weltanschauungslehre*, Bouvier-Verlag: Bonn 1986.

——, GW VII, *Wesen und Formen der Sympathie*, Francke Verlag: Bern und München 1973.

——, GW VIII, *Die Wissensformen und die Gesellschaft*, Francke Verlag: Bern und München 1980.

——, GW X, *Schriften aus dem Nachlaß, Bd. 1: Zur Ethik und Erkenntnislehre*, Bouvier-Verlag: Bonn 1986.

——, GW XI, *Schriften aus dem Nachlaß, Bd. 2: Erkenntnislehre und Metaphysik*, Francke Verlag: Bern und München 1979.

——, GW XIV, *Schriften aus dem Nachlaß, Bd. 5: Varia I*, Bouvier-Verlag: Bonn 1993.

——,GW XV, *Schriften aus dem Nachlaß, Bd. 6: Varia II*, Bouvier-Verlag: Bonn 1997.

Schloßberger, M., *Die Erfahrung des Anderen. Gefühle im menschlichen Miteinander*, Akademie Verlag: Berlin 2005.

Schuhmann, Karl, „Zu Heideggers Spiegel-Gespräch über Husserl“, in: *Zeitschrift für philosophische Forschung*, Bd. 32, H. 4 (Oct.- Dec., 1978).

Schuhmann, Karl (Hrsg.), *Husserl-Chronik. Denk- und Lebensweg Edmund Husserls*, Martinus Nijhoff: Den Haag 1977.

Seebohm, Thomas M., "Husserl on the Human Sciences in *Ideen* II", in L. Embree and T. Nenon (eds.), *Husserl's Ideen*, Springer: Dordrecht 2013, pp. 125 - 140.

Stein, Edith, *Selbstbildnis in Briefen*, II, 1933 - 1942, ESGA 3, Herder Verlag: Freiburg 2000.

——, *Zum Problem der Einfühlung*, Buchdruckerei des Waisenhauses: Halle 1917; 中译本:《论移情问题》,张浩军译,华东师范大学出版社,上海,2014 年。

Theunissen, Michael, *Der Andere. Studien zur Sozialontologie der Gegenwart*, Walter de Gruyter: Berlin 1965, 21977.

Strasser Stephan, „Grundgedanken der Sozialontologie Edmund Husserls“, in: *Zeitschrift für philosophische Forschung*, Bd. 29, H. 1 (Jan.- Mar., 1975), S. 3 - 33.

Taguchi, Shigeru, *Das Problem des "Ur-Ich" bei Edmund Husserl. - Die Frage nach der selbstverständlichen "Nähe" des Selbst*, Phaenomenologica 178, Springer: Dordrecht 2006.

王阳明:《王阳明全集》上下卷,上海古籍出版社,上海,1992 年。

Witkop, Philipp, *Deutsches Leben der Gegenwart*, Verlag der Bücherfreunde: Berlin 1922.

张任之:《质料先天与人格生成——对舍勒现象学的质料价值论的重构》,商务印书馆,北京,2014 年。